AF453879

PREMIÈRES
NOTIONS SUR TOUTES CHOSES.

PREMIÈRES
NOTIONS SUR TOUTES CHOSES

OU

SUJETS DE CAUSERIES AVEC LES ENFANTS

Sur l'Histoire naturelle, l'Industrie, la Cosmographie,
la Physique., etc., etc.

PAR

THÉODORE LÉVI ALVARÈS

Directeur des Cours d'Éducation Maternelle.

SIXIÈME ÉDITION.

PARIS

C. BORRANI, LIBRAIRE-ÉDITEUR

Rue des Saints-Pères, 9

PRÉFACE.

Nous avons voulu, dans ce petit livre, venir
en aide à ceux qui comprennent la nécessité de
cultiver de bonne heure les jeunes intelligen-
ces. C'était s'adresser tout particulièrement aux
mères de famille. Ne sont-elles pas, souvent
même à leur insu, les premiers instituteurs des
enfants ? Car leur parler, c'est les instruire. La
conversation, ce stimulant et cet attrait des esprits déjà formés, peut devenir pour le premier
âge un moyen fécond de développement intellectuel et moral.

Les enfants aiment à causer ; ils s'abandonnent
librement aux émotions nouvelles qu'éveille en
eux le spectacle varié des choses qui les entourent. C'est au milieu de ces premiers épanche-
ments que s'élèveront leur cœur et leur raison,
que se formera leur langage, si la sollicitude

éclairée des mères et des instituteurs sait seconder la nature en la dirigeant. Nous leur offrons seulement dans ces *Premières notions* des *sujets de causeries* et comme l'occasion d'instruire et d'intéresser, leur laissant le plus souvent l'initiative des développements religieux et moraux ; c'est la vie et le but de l'enseignement, mais ils s'improvisent plutôt qu'ils ne s'écrivent, parce qu'ils doivent être appropriés à l'âge, au caractère, à la destination des enfants.

Nous savons que la matière de notre livre est inépuisable, puisqu'elle comprend tout ce qui peut exercer utilement les jeunes esprits ; aussi nous efforçons-nous, à chaque édition nouvelle, de compléter cette petite *encyclopédie* du *premier âge*, afin de justifier le succès qu'elle obtient dans les familles et dans les divers établissements d'instruction.

PREMIÈRES NOTIONS

DIEU — L'HOMME

A l'aspect de la nature, de sa grandeur, de son harmonie, de sa beauté, il est impossible de ne pas concevoir l'idée d'une puissance supérieure à l'homme. Car avant que le monde existât, qu'y avait-il? — Rien. Si ce n'est l'Être tout puissant, Dieu, qui seul a pu *créer*, c'est-à-dire faire quelque chose de rien et qui a dit : *que le monde soit!*

Nous comprenons Dieu, non-seulement comme infiniment grand, mais encore comme infiniment bon; car ce monde qu'il a créé, il l'aime, puisqu'il le conserve, puisqu'il veille sur lui avec une sollicitude continuelle, qu'on appelle sa *Providence.*

L'*homme* surtout est l'objet de cet amour.

L'*homme* est la création la plus admirable de Dieu. Il a été appelé le roi de la nature.

Dieu a *donné* à l'homme un *corps* et une *âme.*

Le *corps* est visible et *mortel,* c'est-à-dire qu'il meurt quand l'âme se sépare de lui.

L'*âme* est cette partie invisible et *immortelle* unie au corps, et qui nous fait *sentir, penser* et *agir*.

L'homme est le seul être qui connaisse Dieu.

La *religion* nous apprend à connaître Dieu, à l'adorer, à lui obéir.

Par la *prière* nous implorons Dieu et nous lui exprimons notre reconnaissance.

Les hommes vivent réunis ou en *société*.

La *morale* nous apprend à connaître et à remplir nos devoirs envers nos parents, envers les autres hommes, envers nous-mêmes.

La *civilité*, ou la *bienséance*, nous apprend à *agir* et à *parler* avec honnêteté, convenance et politesse.

L'AME

L'âme a plusieurs *forces*, plusieurs *puissances*, qu'on nomme les *facultés de l'âme*.

L'âme a trois facultés principales :

L'*intelligence*, nous fait comprendre ; la *sensibilité*, nous fait ressentir les impressions agréables et désagréables ; et la *volonté*, nous décide à agir ou à ne pas agir.

L'*éducation* a pour but de développer, de fortifier les facultés de l'âme, de rendre les hommes sages, vertueux, religieux.

L'*instruction* a pour but de meubler l'esprit de connaissances utiles et agréables.

LES CINQ SENS.

Sentir, c'est recevoir des impressions par les sens.

Nous avons *cinq sens* ou cinq manières de sentir, de communiquer avec ce qui nous environne:

La *vue,* l'*ouïe,* le *goût,* l'*odorat* et le *toucher.*

Les parties de notre corps qui nous servent à sentir, se nomment les *organes des sens;* ce sont:

Les *yeux,* qui sont les organes de la vue.

Les *oreilles,* qui sont les organes de l'ouïe.

La *langue* et le *palais,* qui sont les organes du goût.

Le *nez,* qui est l'organe de l'odorat.

La *main,* qui est le principal organe du toucher. Toutes les parties du corps ont la faculté de sentir en touchant.

Les *sensations* sont les impressions de peine ou de plaisir qu'on éprouve par l'intermédiaire des organes des sens.

LE CORPS

On nomme *organes,* les différentes parties de notre corps qui sont comme des *instruments,* que nous avons à notre service pour les divers actes de notre vie.

Le *corps humain* est l'ensemble de tous les *organes* nécessaires à la vie.

1.

Nous allons donner le nom des principales parties du corps qui forment sa *structure*. A l'extérieur nous voyons :

1° La TÊTE qui comprend :

Le *crâne* protégé par les *cheveux*.	Les *sourcils*.
Le *front*.	Les *yeux*.
Les *tempes* de chaque côté du front.	Les *joues*.
	Les *oreilles*.
	Le *nez* percé des *narines*.

La *bouche*. — Les principales parties de la *bouche* sont :

Les *mâchoires* (supérieure et inférieure).	Les *gencives*.
Les *lèvres* (la lèvre supérieure et inférieure).	Le *palais*.
	La *langue*.
Les *dents*.	Les *amygdales*.
	La *luette*.

La *face*, le *visage* ou la *figure*, est cette partie de la tête qui comprend le front, les yeux, le nez, les joues, la bouche et le menton.

L'ensemble des *traits* ou des lignes du visage forme la *physionomie*.

2° Le reste du corps où nous remarquons :

Le *cou*.	La *main*.
Les *épaules*.	Les *doigts*.
Les *bras*.	Le *poignet*.
Le *coude*.	Le *dos*.
L'*avant-bras*, depuis le coude jusqu'au poignet.	Les *reins*.

Les *jambes* qui comprennent :

Les *cuisses.*　　　　La *cheville.*
Le *genou.*　　　　Le *talon.*
Le *mollet.*　　　　Le *pied.*

Le *tronc* est la partie du corps, depuis le cou jusqu'à la naissance des cuisses.

Les *membres* sont les parties extérieures qui naissent du tronc : les *bras* et les deux *jambes.*

Plusieurs organes importants sont cachés dans l'intérieur du corps :

Le *cerveau* enfermé dans le crâne.

Le *larynx.*

Le *gosier.*

Le *cœur*, placé à gauche de la poitrine, fait circuler le sang.

Les *poumons,* qui servent à la respiration.

Le *foie.*

La *rate.*

L'*estomac*, qui digère les aliments.

Les *intestins.*

COMPOSITION DU CORPS.

Tout notre corps est soutenu par des parties dures qu'on nomme *os.* Tous les os se tiennent et forment le *squelette*, qui est la charpente du corps. La partie principale du squelette est la *colonne vertébrale, épine dorsale* ou *épine du dos,* qui, à son extrémité supérieure, supporte la tête. Elle se compose de petits os qu'on nomme *vertèbres;* il y en a vingt-quatre.

Les *côtes* sont les os de la poitrine; elles sont recourbées et au nombre de douze de chaque côté : il y a donc vingt-quatre côtes. Le bras est soutenu par un seul os ; l'avant-bras, par deux os ; la cuisse n'a qu'un os ; la jambe en a deux.

Le genou est formé par un os qu'on nomme la *rotule*.

Le nombre total des os qui entrent dans la composition du squelette, est à peu près de *deux cent quarante-huit*.

Les os sont recouverts par les *muscles*, qui forment la *chair* ; par les *nerfs*, par les *veines* et les *artères*, qui conduisent le *sang*. Tout le corps est enveloppé par la *peau*.

L'*épiderme* est la première *peau*.

ORGANES IMPORTANTS.

Les Yeux. — L'œil est l'organe le plus délicat : aussi est-il parfaitement protégé par la *cavité* où il est placé, qu'on nomme *orbite* de l'œil ; par les *sourcils*, les *paupières*, les *cils*. Les principales parties visibles de l'œil sont :

Le *blanc de l'œil* ou *cornée* ;

L'*iris* qui est la partie colorée de l'œil ;

La *prunelle* ou *pupille*, petit trou au milieu de l'iris, qui ressemble à un point noir ;

Le *point lacrymal*, au coin de l'œil, d'où coulent les larmes.

Les yeux sont de différentes couleurs : *bleus, noirs, marrons, gris, pers*, c'est-à-dire vert de mer ; *bigarrés*, c'est-à-dire de plusieurs couleurs.

Il y a des hommes qui ont les yeux *rouges :* ce sont les *Albinos.*

Les yeux sont grands, petits, en amandes, à fleur de tête, à la *chinoise,* c'est-à-dire inclinés vers les tempes comme ceux des Chinois, etc.

Les OREILLES. — L'oreille est composée d'une membrane charnue, renflée et contournée dans certaines parties. Son extrémité inférieure s'appelle le *lobe* de l'oreille. Au milieu de l'oreille est un trou ou canal qui communique avec le *tympan,* petite peau très-mince que l'air ébranle au moindre bruit.

Les MAINS. — La main a *cinq doigts :*

Le *pouce;*

L'*index,* qui sert à indiquer ;

Le *doigt du milieu* ou *medius,* le plus grand;

L'*annulaire,* qui porte l'*anneau;*

Le *petit doigt* ou *auriculaire,* ainsi appelé, parce qu'on le porte à l'*oreille* quand on sent une démangeaison.

Les doigts sont terminés par les *ongles.*

Les doigts sont d'inégale longueur, ce qui permet de bien fermer la main pour prendre ; on forme alors le *poing.*

Les doigts de la main sont indépendants et peuvent s'opposer au pouce.

Les doigts peuvent se ployer, au moyen d'espèces de charnières, en trois parties, qu'on nomme *phalanges.*

Les doigts ont *trois phalanges,* excepté le pouce qui n'en a que *deux.*

Les autres parties de la main sont : le *poignet*, le *revers*, le *creux* ou la *paume*.

L'homme seul a deux mains : on l'appelle pour cela *bimane*.

Le singe a quatre mains : on le nomme *quadrumane*.

Les Pieds.—Les principales parties du pied sont :

Le *talon*.	Le *coude-pied*.
La *cheville*.	La *plante des pieds*.

Le pied a, comme la main, cinq doigts garnis d'*ongles*. Les doigts des pieds se nomment *orteils*; on appelle *gros orteil* le pouce du pied. Les doigts du pied ont, comme ceux de la main, *trois phalanges*, excepté le gros orteil qui n'en a que *deux*.

Les doigts des pieds ne sont pas opposables au pouce; on ne peut donc s'en servir pour prendre.

Le Cœur. — C'est l'organe qui pousse le sang dans les artères et dans les veines, afin qu'il *circule* dans toutes les parties de notre corps. Ce mouvement du sang entretient la vie. Les mouvements du cœur sont nommés les *battements;* ils se font ressentir dans toutes les artères : c'est ce qu'on nomme alors le *pouls*. Le pouls est surtout sensible au poignet.

Le *pouls* est très-rapide chez les enfants; il est lent chez les vieillards.

Dans l'état de santé, on compte à peu près soixante-dix *pulsations* par minute.

Les Poumons. — Les poumons entourent le

cœur. Chaque fois que nous respirons, l'air se répand dans les poumons pour rafraîchir le sang.

Les Dents. — Corps durs en *ivoire*, implantés dans les mâchoires et servant à broyer les aliments.

L'homme a trente-deux dents, seize à chaque mâchoire.

Ces dents sont de trois espèces :

Les *molaires* ou *mâchelières*, au fond de la bouche.
Les *canines*, sur les côtés.
Les *incisives*, sur le devant.
La *dent de sagesse* est une molaire, ainsi nommée parce qu'elle vient la dernière.

LES RACES D'HOMMES.

Tous les hommes ont le corps composé des différentes parties que nous venons de nommer, pourtant on distingue dans l'espèce humaine plusieurs variétés ou races ; voici les principales :

1° La race *blanche* (Europe), qui a le visage ovale, le nez long, la chevelure flexible et la peau blanche.
2° La race *jaune* (Asie). Elle a le visage rond, le teint olivâtre, les cheveux noirs, le nez épaté, les joues saillantes, les lèvres grosses, les yeux inclinés vers les tempes.
3° La race *nègre* (Afrique). Elle a la peau noire, le front fuyant, les lèvres fortes, les cheveux noirs, frisés et crépus, l'œil arrondi et saillant, les dents blanches.
4° La race des peuples du *nord* (Lapons, Esquimaux, etc.). Elle a la taille petite, les membres ramassés et courts, la tête ronde, le nez écrasé, les cheveux noirs et plats.
5° La race *cuivrée* (Amérique). Elle a les traits réguliers, la peau cuivrée.

SYMÉTRIE DES ORGANES ET ATTITUDE DU CORPS.

Toutes les parties du corps humain sont disposées pour former un bel ensemble. Elles sont placées avec symétrie et proportion. Ainsi, de chaque côté de notre corps, les mêmes organes se correspondent : deux oreilles, deux yeux, deux narines, deux bras, deux jambes. Remarquons que l'homme seul se tient droit; sa tête regarde le ciel comme pour montrer que lui seul connaît Dieu.

La taille ordinaire de l'homme est de un mètre soixante centimètres.

Quelquefois on rencontre des êtres dont la conformation est contraire aux lois générales de la nature : comme des enfants à deux corps, etc., ce sont des *monstres*.

Les *géants* sont ceux dont la hauteur dépasse de beaucoup la taille ordinaire. On dit une *géante*.

Les *nains* sont ceux qui se distinguent par l'extrême petitesse de leur taille. On dit une *naine*.

Les *crétins* sont des individus privés d'intelligence; ils se rapprochent de la brute. Ils ont souvent au cou une grosseur qu'on nomme *goître*; on trouve un grand nombre de ces infortunés dans les Alpes.

LES QUATRE AGES DE LA VIE.

L'homme, dans le cours complet de sa vie, qui

commence à la *naissance* et finit à la *mort*, passe par quatre *âges :*

L'*enfance*, depuis la naissance jusqu'à 12 ans environ.

La *jeunesse* (qui comprend l'*adolescence*), depuis 12 ans jusqu'à 25 ans. Alors, l'esprit et le corps se développent et se fortifient.

L'*âge mûr*, depuis 25 ans jusqu'à 60 ans. L'homme a atteint son plus grand développement intellectuel et physique.

La *vieillesse*, depuis 60 ans jusqu'à la mort. Les forces de l'homme vont en s'affaiblissant.

La vie de l'homme dure environ soixante-quinze ans. Pourtant il y a des hommes qui vivent *cent ans* et plus.

Mathusalem, descendant de Seth, fils d'Adam, vécut 969 ans ; c'est la plus longue vie.

On nomme :

Quadragénaire, celui qui a 40 ans.

Quinquagénaire, celui qui a 50 ans.

Sexagénaire, celui qui a 60 ans.

Septuagénaire, celui qui a 70 ans.

Octogénaire, celui qui a 80 ans.

Nonagénaire, celui qui a 90 ans.

Centenaire, celui qui a 100 ans.

Macrobe (c'est-à-dire longue vie), qui vit au delà de 100 ans

SANTÉ. — MALADIE.

Quand le corps se porte bien, on dit qu'il est *sain* ou en état de *santé*.

Quand il souffre, il est *malade*, ou en état de *maladie*.

La *médecine* est l'art de conserver la santé, de connaître et de guérir les maladies.

La *chirurgie* est la partie de la médecine qui consiste à faire diverses opérations sur le corps de l'homme, pour la guérison des *blessures,* des *plaies,* des *fractures.*

L'*hygiène* est cette partie de la médecine qui s'occupe des moyens de conserver la santé.

Elle nous conseille :

1° D'*exercer* nos membres pour leur donner de la force et de la souplesse.

Les différents exercices auxquels se livre la jeunesse sont :

La *marche.*

La *course.*

La *gymnastique,* qui est l'art de fortifier le corps en l'exerçant.

L'*escrime,* qui est l'art de manier l'épée.

L'*équitation,* qui est l'art de monter à cheval.

La *danse* enseigne à régler les mouvements du corps au son des instruments.

La *natation,* qui est l'art de nager.

2° De maintenir notre corps dans un état continuel de *propreté.*

3° De *respirer* un air pur.

4° D'éviter tous les excès, c'est-à-dire d'être *tempérant;* de se nourrir avec modération, c'est-à-dire d'être *sobre.*

L'esprit se ressent de l'état du corps; c'est ce qui donne encore plus d'importance aux lois de l'hygiène.

Le malade réclame les soins du *médecin,* qui exerce la médecine, ou du *chirurgien* qui exerce la chirurgie.

Le *pharmacien* ou l'*apothicaire* prépare les médicaments ordonnés par le médecin.

Le médecin *traite* le malade, le chirurgien l'*opère* et le *panse.*

Une maladie commence par les *symptômes,* c'est-à-dire les accidents qui l'annoncent, et se termine par la *convalescence* et la *guérison.*

Les animaux et les plantes sont aussi dans les deux états de santé ou de maladie.

Le médecin *vétérinaire* est celui qui s'occupe de la conservation et de la guérison des animaux.

Il y a des maladies qui se communiquent, on les appelle *contagieuses.*

Les *épidémies* sont des maladies qui attaquent, dans le même temps et dans le même lieu, un grand nombre de personnes.

Les *épizooties,* sont des maladies contagieuses qui attaquent les animaux.

INFIRMITÉS.

Les *infirmités* sont les accidents, les indispositions, les maladies qui résultent d'une altération des organes.

Ceux qui sont affectés de ces infirmités sont appelés *infirmes.*

Les personnes *contrefaites,* sont celles dont le corps est mal fait, difforme.

L'*aveugle* est privé de l'usage de la vue. — La *cécité* est l'état d'une personne aveugle.

Le *borgne* ne voit que d'un œil.

Le *myope* a la vue courte, il voit confusément les objets éloignés.

Le *presbyte* ne voit que de loin.

Le *muet* n'a pas l'usage de la parole. — Le *mutisme* est l'état d'une personne muette.

Le *sourd* n'entend pas. — La *surdité* est l'état d'une personne sourde.

Le *sourd-muet* est muet, parce qu'il est sourd de naissance. — Une *sourde-muette.*

Le *sourd et muet,* qui a les deux infirmités à la fois, la surdité et le mutisme.

L'*estropié* est privé de l'usage d'un membre.

Le *manchot* est estropié d'une main ou d'un bras. — Une *manchote.*

Le *boiteux*, en marchant, incline plus d'un côté que de l'autre. — La *claudication* est l'action de boiter.

Le *pied-bot* a le pied contrefait.

Le *bossu* a une bosse sur le dos. — Une *bossue.*

L'*orthopédie* est l'art de corriger ou de prévenir chez les enfants les difformités du corps.

L'UNIVERS

Le *monde,* l'*univers* ou la *nature,* c'est l'ensemble de tout ce que Dieu a créé. On distingue dans l'univers :

1° La TERRE, qui est le grand corps que les *hommes* habitent. On y voit aussi les *animaux*, les *plantes* ou *végétaux*, les *pierres* ou *minéraux*.

Le CIEL, le *firmament* ou la *voûte céleste*, qui est cette partie de l'univers qui s'étend au-dessus de nos têtes, autour de nous, et dans laquelle est placée une infinité de corps, comme les étoiles, le Soleil et la Lune, qu'on nomme *corps célestes* ou *astres*.

LA TERRE.

La terre est un corps très-intéressant à connaître, puisque c'est le monde que nous habitons; aussi, plusieurs sciences en font-elles l'objet de leur étude.

La *Géographie* (1) qui est la connaissance des différents lieux de la surface de la terre.

La *Géologie*, qui a pour but l'étude de la forme ou de la structure du globe, et la connaissance des éléments qui la composent.

La *Cosmographie*, qui étudie les *corps célestes*, leurs distances, leurs mouvements, par rapport à la terre.

LES TROIS RÈGNES DE LA NATURE.

Tous les êtres qui peuplent la terre, se classent en trois grandes *séries* ou *divisions*, qu'on nomme les *trois règnes de la nature*.

(1) Voir nos *Premières leçons de Géographie*

1° *Le règne animal* qui comprend l'homme et tous les animaux ;

2° *Le règne végétal*, qui comprend tous les végétaux ou plantes ;

3° *Le règne minéral*, qui comprend tous les corps qu'on trouve dans la terre ou à sa surface, comme les pierres, le fer, l'or, l'argent, etc.

Les êtres qui *vivent, naissent,* se *développent* et *meurent.*

Les *animaux* sont des êtres *vivants,* et capables de sentir, c'est-à-dire, qu'ils peuvent éprouver des sensations de plaisir ou de souffrance.

Les *végétaux* sont des êtres vivants, mais privés de sensibilité.

Les *animaux* et les *végétaux* sont des êtres *organisés,* c'est-à-dire, qui ont des *organes* ou instruments nécessaires à leur vie.

Les *minéraux* sont des êtres sans *organes,* et par conséquent sans vie.

Il n'y a donc que les *animaux* et les *végétaux* qui soient des êtres *animés* et *organisés.*

Il y a pourtant entre eux de grandes différences, car les végétaux sont dépourvus de sensibilité et ne peuvent se *déplacer ;* les animaux, au contraire, *sentent* et se *déplacent.*

L'*Histoire naturelle* est la science, qui a pour but l'étude des *trois règnes.*

La *zoologie* est la science des animaux.

La *botanique* est la science des végétaux.

La *minéralogie* est la science des minéraux.

Les savants qui s'occupent de ces sciences,

sont : les *naturalistes*, les *zoologistes*, les *bota-nistes*, les *minéralogistes*.

LES ANIMAUX

Il y a un grand nombre d'animaux, tous diffé-rents de forme, d'habitudes, de caractères. Les *naturalistes*, pour mieux les distinguer, les ont rangés par *classes*, par *genres*, par *familles*.

Ce que nous avons dit sur les *os*, le *squelette*, la *colonne vertébrale* et les *vertèbres*, nous ai-dera à faire *deux grandes classes d'animaux*.

1° Ceux dont le corps est soutenu par un *sque-lette*, qui ont des *vertèbres*;

2° Ceux qui n'ont ni *squelette* ni *vertèbres*.

ANIMAUX A VERTÈBRES.

On comprend dans les animaux qui ont des *vertèbres :*

Les *mammifères*, les *oiseaux*, les *reptiles*, les *poissons*.

Les *mammifères* sont les animaux qui *allai-tent* leurs petits, c'est-à-dire, qui les nourrissent de *lait*.

Dans cette classe nous remarquons :

L'*homme*.	Le *blaireau*.	Le *lion*.
Le *singe*.	Le *chien*.	Le *tigre*
La *chauve-souris*.	Le *loup*.	La *panthère*.
Le *hérisson*.	Le *renard*.	Le *léopard*.
La *taupe*.	L'*hyène*.	Le *phoque*.
L'*ours*.	Le *chat*.	Le *sarigue*.

L'*écureuil*.	Le *cochon* ou *porc*.	Le *daim*.
La *marmotte*.	Le *sanglier*.	La *chèvre*.
Le *rat*.	Le *cheval*.	Le *mouton*.
Le *porc-épic*.	L'*âne*.	La *brebis*.
Le *lièvre*.	Le *zèbre*.	Le *mérinos*.
Le *lapin*.	Le *chameau*.	Le *bœuf*.
Le *castor*.	Le *dromadaire*.	Le *buffle*.
L'*éléphant*.	La *girafe*.	Le *bison*.
L'*hippopotame*.	Le *cerf*.	La *baleine*.
Le *rhinocéros*.	Le *renne*.	Le *cachalot*.

Les *oiseaux* sont des animaux qui éclosent d'*œufs* ; ils ont le corps couvert de plumes et vivent dans les airs.

Parmi les oiseaux, on distingue :

L'*aigle*.	Le *moineau*.	La *poule*.
Le *vautour*.	Le *corbeau*.	La *perdrix*.
Le *faucon*.	La *pie*.	Le *pigeon*.
Le *hibou*.	L'*oiseau de paradis*.	L'*autruche*.
La *chouette*.	Le *colibri*.	La *cigogne*.
Le *merle*.	L'*oiseau-mouche*.	Le *pélican*.
La *fauvette*.	Le *perroquet*.	L'*oie*.
Le *rossignol*.	Le *paon*.	Le *canard*.
Le *chardonneret*.	Le *dindon* ou *coq-d'Inde*.	L'*eider*.
Le *serin*.		Le *cygne*.
L'*hirondelle*.	Le *coq*.	

Les *reptiles* sont généralement des animaux qui *rampent*, c'est-à-dire qui se traînent sur le ventre. Quelques-uns ont pourtant des pattes, mais leur démarche est presque toujours lente et embarrassée.

Parmi les reptiles, nous citerons :

Les *tortues*.	Les *serpents*.	La *vipère*.
Les *lézards*.	Le *boa*.	L'*aspic*.
Le *caméléon*.	La *couleuvre*.	La *grenouille*.
Le *crocodile*.	Le *serpent à sonnettes*.	Le *crapaud*.

Les *poissons* sont les animaux qui vivent dans l'eau; ils se déplacent au moyen de *nageoires;* leur corps est couvert d'*écailles.*

Il y a un grand nombre de poissons; nous citerons seulement :

La *perche.*	La *truite.*	La *sole.*
Le *maquereau.*	Le *hareng.*	Les *anguilles.*
Le *thon.*	Les *sardines.*	L'*esturgeon.*
Les *poissons volants.*	Les *anchois.*	Le *requin.*
La *carpe.*	La *morue.*	La *raie.*
Le *brochet.*	Le *merlan.*	
Le *saumon.*	Le *turbot.*	

ANIMAUX SANS VERTÈBRES.

Cette classe comprend un grand nombre d'espèces; nous citerons seulement :

Les INSECTES, dont le corps est composé de plusieurs parties ou pièces distinctes, qui sont articulées les unes sur les autres. Ils ont *deux* ou *quatre* ailes et *six* pattes. Leur tête est surmontée de petites cornes mobiles qu'on nomme *antennes.*

Les insectes les plus connus, sont :

La *coccinelle,* appelée	La *cigale.*	Les *guêpes.*
aussi *bête à Dieu.*	La *cochenille.*	Les *papillons.*
Le *hanneton.*	La *punaise.*	Les *taons* (qu'on pro-
Le *perce-oreille.*	La *demoiselle.*	nonce *tons).*
La *sauterelle.*	Les *fourmis.*	Les *mouches.*
Le *grillon.*	Les *abeilles.*	

Nous nommerons seulement dans les autres classes :

Les *araignées.*	Le *homard.*	Les *cloportes,*
Les *mille-pieds.*	L'*écrevisse.*	Les *vers de terre*

2

Les *sangsues.*   Les *limaces.*   Le *corail.*
L'*escargot,* ou le *li-* L'*huître.*   L'*éponge.*
maçon.

ANIMAUX LES PLUS CONNUS.

Les *singes* sont des animaux très-intelligents, adroits et agiles. Ils ont quatre mains; c'est pour cela qu'on les nomme *quadrumanes.*

Les espèces les plus remarquables sont: l'*orang-outang,* celui de tous les animaux qui ressemble le plus à l'homme; les *sapajous,* qui ont une queue flexible dont ils se servent pour grimper.

Le *hérisson* a le corps couvert de piquants.

La *taupe* n'est pas aveugle, comme on le dit quelquefois; mais ses yeux sont très petits. Elle se creuse des demeures souterraines.

L'*ours* a le corps trapu et les membres robustes; il mène une vie solitaire dans les forêts. On distingue l'*ours brun* et l'*ours blanc.*

Le *chien* est le serviteur fidèle et intelligent de l'homme. Il a la vue excellente, l'ouïe délicate, et surtout l'odorat très-fin. Il y a plusieurs espèces de chien : le *chien de berger,* le *mâtin* ou gros chien, le *chien de chasse,* le *dogue,* l'*épagneul,* le *roquet.*

Le *loup* ressemble au chien sauvage; sa férocité, sa force et sa ruse le rendent redoutable aux troupeaux. Il vit solitaire dans les bois.

Le *renard* ressemble au chien ; cependant il a le museau plus pointu, le poil plus touffu et les oreilles plus courtes; sa queue est longue et fournie. Rusé et prudent, il est la terreur des basses-cours.

La *hyène* a les pattes de derrière plus courtes que celles de devant. Son naturel est féroce ; elle se précipite sur les troupeaux, et, quand elle est pressée par la faim, elle déterre les cadavres des hommes et des animaux.

Le *chat* est gracieux, léger et adroit ; mais il est naturellement faux, ingrat, égoïste et voleur. Son acharnement contre les souris et les rats le fait seul rechercher par l'homme. Les chats d'*Angora* (ville de Syrie) sont remarquables par leurs poils longs et soyeux.

Le *lion* a été nommé le *roi des animaux*, à cause de sa force, de sa noblesse et de sa fierté ; sa figure est imposante, sa démarche assurée ; une épaisse crinière flotte sur ses épaules et sur son cou. Il s'élance par bonds. On le rencontre en Afrique et en Asie. La *lionne* est la femelle du lion ; les *lionceaux* sont ses petits.

Le *tigre* est le plus cruel de tous les animaux ; son corps est rayé de bandes noires. Il est fort et agile.

La *panthère*, le *léopard*, le *jaguar*, ont de grandes ressemblances ; leur fourrure est mouchetée. Ils ont le naturel féroce.

La *sarigue* a sous le ventre une poche, où ses petits se blottissent quand un danger les menace.

L'*écureuil* est un petit animal remarquable par sa gentillesse et sa vivacité ; il se loge à l'extrémité des hauts arbres. Sa queue est longue et en forme de panache.

La *marmotte* habite les pays froids. Sa fourrure est épaisse ; elle tapisse son terrier de mousse et de foin, et y reste engourdie pendant l'hiver.

Les *rats* et les *souris*, petits animaux au museau allongé, aux dents tranchantes, sont très-connus par les dégâts qu'ils causent dans les appartements.

Le *porc-épic* a le corps couvert de piquants noirs et blancs.

Le *lièvre* et le *lapin* peuplent nos bois, et sont la proie des chasseurs. Le premier est agile et timide ; le second se construit des terriers.

Le *castor* est reconnaissable à sa queue plate, ovale et couverte d'écailles, aux palmes qui garnissent les doigts de ses pieds de derrière. Il nage et plonge très-facilement. Les castors se réunissent pour construire près de l'eau des habitations ; ils montrent une industrie admirable ; ils scient avec leurs dents les plus gros arbres, et préparent, en mouillant la terre, une espèce de ciment qu'ils emploient dans leurs constructions. Leur fourrure est recherchée.

L'*éléphant* est le plus grand des animaux terrestres. Sa mâchoire supérieure se prolonge en *trompe ;* de sa bouche sortent deux grandes dents qu'on nomme *défenses ;* son corps est recouvert d'un cuir très-épais. Il est intelligent, courageux, prudent ; il se souvient des bienfaits et des injures. Une fois dompté, il obéit à son *cornac* ou conducteur, et lui témoigne beaucoup d'amitié.

L'*hippopotame,* dont le nom signifie *cheval de*

fleuve, est massif et bas sur ses jambes ; il nage mieux qu'il ne marche.

Le *sanglier* ou *cochon sauvage* habite les forêts et dévaste les champs. Son museau allongé se nomme *boutoir* ; sa tête prend le nom de *hure*. Ses petits se nomment *marcassins*. Il est redoutable aux chasseurs.

Le *cochon* ou *porc* a aussi le museau terminé en boutoir. Ses habitudes sont grossières ; il est vorace. Son corps est recouvert de poils rudes qu'on nomme *soies*.

Le *rhinocéros* se distingue par la corne épaisse qui s'élève surson museau ; sa peau est très-dure.

Le *cheval* est beau et noble. Malgré son ardeur, il est docile ; il rend à l'homme les plus précieux services.

L'*âne* est un serviteur patient, sobre, courageux, envers lequel on est souvent injuste.

Le *zèbre* ressemble beaucoup à l'âne ; sa peau est rayée de bandes noires et blanches.

Le *chameau* a été créé pour habiter les déserts ; ses larges pieds rendent sa marche assurée dans les sables ; il est si sobre qu'il ne fait qu'un repas par jour ; il peut rester neuf à dix jours sans boire ; il supporte la chaleur et la fatigue. Son dos est surmonté de deux bosses : lui seul peut aider les habitants de l'Asie et de l'Afrique à franchir les immenses solitudes qui séparent les pays habités. Aussi les Arabes regardent-ils le chameau comme un présent du ciel, comme un animal sacré.

2.

Le *dromadaire* est une espèce de chameau très-léger à la course; il n'a qu'une bosse.

La *girafe* est reconnaissable à sa peau tachetée, et surtout à la longueur de son cou; ses jambes de devant sont beaucoup plus longues que celles de derrière. Elle est d'un caractère très-doux.

Le *cerf* est cet élégant et rapide habitant des forêts, reconnaissable aux cornes qui coiffent sa tête et qu'on nomme *bois*. La *biche* est la femelle du cerf; elle ne porte pas de bois.

Le *renne* habite le nord de l'Europe, de l'Asie et de l'Amérique; il est d'une grande utilité aux habitants de ces contrées, qui s'en servent comme d'un cheval; de plus, sa chair est succulente, son lait excellent; sa peau fait de bons vêtements. Il a à peu près la taille du cerf.

La *chèvre*, si vive, si capricieuse, est un animal bien connu; son lait est délicieux. Les chèvres du Thibet (en Asie) ont un poil long et soyeux.

Le *mouton* et la *brebis*, qui paissent en troupeaux dans nos prairies, rendent à l'homme de grands services.

Le *mérinos* est un mouton d'Espagne remarquable par la finesse de sa laine.

Le *bœuf* est un de nos bons serviteurs; dans plusieurs pays on l'attèle à la charrue.

La *baleine* est le plus gros des animaux; elle habite les mers du Nord. Quoique ne vivant que dans l'eau, la baleine n'est pas classée dans les poissons.

L'*aigle* mérite le nom de roi des oiseaux. Il est

fier et vigoureux ; il s'élève à de grandes hauteurs et aperçoit de très loin la proie dont il veut s'emparer : il fond sur elle, l'enlève avec ses *serres* ou griffes, et la déchire avec son bec crochu.

Le *hibou* est un oiseau très-laid ; ses yeux sont grands et ronds ; la lumière blesse sa vue, aussi ne sort-il que la nuit pour chasser.

Le *moineau* préfère les lieux habités à l'isolement de la campagne ; il est voleur et incommode ; il pille les jardins et les champs.

Le *rossignol* est le chantre des bois, il charme par la pureté de son ramage.

Le *serin* est le musicien de la chambre ; il peut recevoir une certaine éducation musicale, il retient les airs qu'on lui répète. Les serins des îles *Canaries* (près des côtes d'Afrique) sont très-renommés.

La *fauvette* est gaie et légère ; son chant joyeux annonce le printemps.

L'*hirondelle* a le vol rapide et gracieux ; elle quitte nos climats à l'approche de l'hiver, en septembre, pour aller chercher une température plus douce, et revient à la belle saison, en avril.

Le *corbeau* a le plumage très-noir ; il est d'une grande voracité ; son cri est désagréable.

La *pie* est bavarde et voleuse.

L'*oiseau de paradis* a les plumes de la queue longues et éclatantes.

Les *colibris* et les *oiseaux-mouches* sont de charmants petits oiseaux, légers et brillants comme les papillons.

Le *perroquet* reproduit les sons de la voix humaine; ses plumes ont de belles couleurs.

Le *coq* est le roi de la basse-cour; sa démarche est lente et fière; sa tête est surmontée d'une frange rouge qu'on nomme *crête*; les plumes de sa queue sont d'une charmante couleur. Les coqs se détestent entre eux et se livrent des combats à mort.

La *poule* prodigue à ses petits, qu'on nomme *poussins,* les soins les plus touchants.

Le *dindon* ou le *coq d'Inde,* plus grand que le coq ordinaire, a de belles plumes noires.

Le *pigeon* a le caractère très-doux, on l'élève dans les habitations. Les principales espèces sont le *ramier* et la *tourterelle.*

Le *paon* est celui de tous les oiseaux dont le plumage est le plus riche en couleurs. Sa démarche est élégante et fière. Quand on l'admire il étale en forme de *roue* les plumes brillantes de sa queue.

L'*autruche* est le géant des oiseaux; elle est plutôt organisée pour la course que pour le vol; ses plumes sont légères.

La *cigogne* a les ailes noires et blanches, le bec et les pieds rouges; elle se nourrit de crapauds, de lézards et de serpents.

Le *pélican* est un oiseau pêcheur; il a au-dessous du bec une poche où il met en réserve sa nourriture.

L'*oie* et le *canard* sont des habitants de nos basses-cours. L'*eider* est une espèce de canard dont le duvet est très-doux.

Le *cygne* est l'ornement des bassins et des pièces d'eau ; il est organisé pour la nage, son corps fend l'eau avec facilité ; ses pieds ont les doigts réunis par une peau qui lui permet de s'en servir comme de rames ou de nageoires.

La *tortue* a le corps protégé par une double cuirasse ou *écaille ;* celle qui est à la partie supérieure se nomme *carapace,* celle qui est à la partie inférieure se nomme *plastron ;* sa marche est très-lente. On distingue plusieurs sortes de tortues : la *tortue de mer*, la *tortue d'eau douce*, la *tortue de terre*, le *caret.*

Le *crocodile* est une espèce de grand *lézard* extrêmement vorace ; une sorte d'écaille couvre son corps.

Le *lézard* est dans nos climats un petit animal élégant et agile qui mange les insectes nuisibles.

Le *caméléon,* dont la peau se nuance de couleurs différentes, suivant qu'il la gonfle plus ou moins.

Les *serpents* sont privés de jambes ; ils rampent en repliant leur corps sur eux-mêmes. Ils sont pour la plupart *venimeux*, c'est-à-dire qu'ils laissent dans la blessure, que font leurs dents, un *venin* ou poison qui est souvent mortel.

Le *boa* est le plus grand des serpents ; il n'est pas venimeux, mais sa force est extraordinaire.

La *couleuvre* est timide ; sa morsure n'est pas dangereuse.

Le *serpent à sonnettes* est ainsi nommé, parce

qu'il porte à sa queue de petites écailles qui retentissent quand il est irrité.

La *vipère*, dont la morsure donne souvent la mort.

L'*aspic* est une espèce de vipère.

La *grenouille* a la peau lisse et unie; elle avance par bonds ; elle se plaît près des marais.

Le *crapaud* a un aspect répugnant, mais il n'est pas venimeux.

Le *saumon* et la *truite* ont une chair rougeâtre. Ils quittent souvent la mer et remontent les grands fleuves.

Le *hareng* est un des poissons qui vivent en troupes nombreuses.

Le *requin* est d'une grande voracité; c'est le tigre de la mer. Sa bouche est armée de dents tranchantes.

Le *ver-luisant* est ainsi nommé, parce qu'il est lumineux pendant la nuit.

Le *grillon*, nommé aussi *cri-cri* à cause de son cri monotone, habite surtout l'âtre des cheminées.

Les *fourmis* vivent en société dans leurs fourmilières ; elles sont actives et laborieuses.

Les *abeilles* se réunissent et forment des sociétés ou *essaims*. Elles sont industrieuses et vigilantes. Ce sont elles qui nous donnent la *cire* et le *miel*, qui provient du suc des fleurs. On les élève dans des *ruches*.

Les *papillons* ont quatre ailes recouvertes de petites écailles colorées de nuances variées; ils voltigent de fleurs en fleurs.

Les *araignées* filent une toile très-délicate.

Les *homards* et les *écrevisses* ont le corps recouvert d'une croûte très-dure ; leur couleur ordinaire est un gris verdâtre qui rougit promptement à la cuisson.

Les *sangsues*, dont le corps est mou et allongé, ne vivent que dans l'eau douce ; elles ont trois mâchoires armées de petites dents. Elles sont employées en médecine.

Les *mollusques* sont des animaux qui ont le corps mou et ordinairement recouvert de *coquillages* d'une ou de plusieurs pièces, comme, par exemple, les *huîtres*, les *escargots* ou *limaçons*, les *moules*.

Le *corail* et l'*éponge* sont appelés *zoophytes* ou *animaux plantes*, parce qu'ils tiennent par leur nature de l'animal et de la plante.

LES PLANTES

Nous avons dit que les plantes étaient des êtres *organisés ;* voilà les principaux organes d'un végétal complet :

Les *racines* qui plongent dans la terre pour y pomper les parties humides qu'on nomme *sucs*, qui servent à la nourriture de la plante.

La *tige*, qui s'élève dans l'air, sert de soutien au végétal : elle porte les *branches,* les *rameaux* qui portent les *feuilles*. La tige prend différents noms suivant sa forme et sa nature : celle des arbres se nomme *tronc ;* celle du blé *chaume*.

Les sucs pris à la terre par les racines montent par des petits *canaux* dans la tige et les branches, et sous le nom de *sève*, circulent dans toutes les parties du végétal.

Les *feuilles* sont ces parties ordinairement vertes qui tiennent aux branches et qui prennent à l'air certains éléments nécessaires à la nourriture du végétal.

La *fleur*, c'est cette partie du végétal qui contient en germe, dans une enveloppe ordinairement ornée de diverses couleurs, les parties nécessaires à la reproduction de la plante. La *fleur* est composée à *l'extérieur :*

1º Du *pédoncule* ou queue de la fleur ;

2º Du *calice* ordinairement vert qui soutient et protége les parties délicates de la fleur ;

3º De la *corolle*, remarquable par la richesse de ses couleurs, la douceur de son parfum, la grâce de sa forme ; elle se compose d'une ou de plusieurs pièces dont chacune est appelée *pétale*.

A l'*intérieur :*

1º Des *étamines*, qui s'élèvent comme de petites tiges, et dont les extrémités portent de petits renflements couverts d'une poussière jaune qu'on nomme *pollen* ;

2º Du *pistil*, qui est une petite baguette placée au milieu des étamines ;

3º L'*ovaire* est la partie inférieure du pistil ; il renferme toujours les *fruits* et les *graines* ou *semences*.

Après les fleurs viennent les *fruits;* la plupart peuvent servir de nourriture aux hommes ou aux animaux; ils renferment les *graines* qui servent à reproduire la plante.

LES FLEURS.

Les fleurs sont la brillante parure des plantes. Elles réjouissent nos yeux, flattent notre odorat. Leurs formes, leurs couleurs, leurs caractères si variés sont des sujets charmants d'étude, qui excitent notre curiosité et notre admiration. Parmi les fleurs qui ornent nos jardins, nous citerons :

La *rose;* son parfum, sa forme, sa couleur l'ont fait surnommer la *reine des fleurs.*

Le *lis blanc.*	Les *reines-margue-*	La *bruyère.*
L'*œillet.*	*rites.*	Le *chèvre-feuille.*
La *violette.*	Le *dahlia.*	La *renoncule.*
La *jacinthe.*	Le *muguet.*	L'*anémone.*
Le *lilas.*	La *belle-de-nuit.*	La *clématite.*
Le *narcisse.*	Le *perce-neige.*	La *pivoine.*
L'*iris.*	La *primevère.*	La *giroflée.*
Le *jasmin.*	La *verveine.*	La *balsamine.*
L'*héliotrope.*	La *pervenche.*	Le *buis.*

Il faudrait pouvoir montrer aux enfants chacune de ces fleurs, soit dans la nature, soit dessinées ou représentées artificiellement.

CÉRÉALES. — PLANTES POTAGÈRES OU LÉGUMES.

Les plantes ne sont pas seulement faites pour le plaisir des yeux; un grand nombre d'entre elles procurent à l'homme une nourriture bienfaisante; aussi les cultive-t-il avec soin dans ses champs et dans ses jardins. Les unes, appelées *céréales*, fournissent des *grains* dont nous faisons des aliments indispensables ; les autres, appelées *légumes*, peuplent nos *potagers*, et sont apportées tous les jours par les *maraîchers* sur les *marchés* des grandes villes.

Parmi les *céréales*, nous nommerons :

Le *blé* ou *froment*.	L'*orge*.	Le *riz*.
Le *seigle*.	Le *maïs*.	Le *sarrasin*.

Parmi les légumes :

Ail.	*Epinards*.	La *pomme de terre*, légume excellent qui met l'homme à l'abri de la famine. C'est à *Parmentier*, 18e siècle, que nous devons sa culture en France.
Artichaut.	*Fèves*.	
Asperges.	*Haricots*.	
Betterave.	*Lentilles*.	
Carotte.	*Laitue*.	
Cerfeuil.	*Melon*.	
Céleri.	*Navet*.	
Chicorée.	*Oignon*.	
Chou.	*Oseille*.	*Pois*.
Chou-fleur.	*Poireau*.	*Radis*.
Concombre.	*Panais*.	*Salsifis*.
Citrouille.	*Persil*.	*Tomates*.

PRINCIPALES PLANTES EMPLOYÉES EN MÉDECINE.

Certaines plantes sont employées en *médecine* pour le traitement des maladies ; on les nomme *plantes médicinales*. Nous parlerons des plus connues :

Le *frêne à fleur*, dont on retire, au moyen d'incisions faites à la tige, une substance connue sous le nom de *manne*.

La *menthe*, dont on retire un principe aromatique souvent employé en médecine et par les confiseurs.

La *belladone* dont les fruits renferment un poison violent; pourtant il est employé en médecine.

La *camomille*.

Le *pavot* dont les graines donnent de l'huile; on en tire aussi un suc qu'on nomme *opium*. Le pavot est *somnifère,* c'est-à-dire qu'il provoque le sommeil.

Le *lin* dont les graines sont employées en médecine; elles donnent de l'huile.

La *mauve* dont les fleurs servent à faire des tisanes adoucissantes.

La *guimauve;* les fleurs, la racine et les feuilles sont d'un fréquent usage en médecine.

Le *tilleul* dont les fleurs font de bonnes tisanes.

La *violette* qui sert à préparer des boissons et des sirops.

La *réglisse* dont la racine est employée à faire des bonbons pour calmer la toux ; c'est le *suc* ou *jus de réglisse.*

Le *jujubier* dont on prépare les fruits pour faire une pâte adoucissante, qu'on nomme la *jujube.*

Le *sureau* dont les fleurs servent à faire une tisane.

L'*acacia* d'*Egypte,* d'où découle la *gomme arabique.*

L'*acacia catéchou,* du Bengale, qui donne des fruits dont on prépare un extrait employé contre certaines affections de l'estomac.

ARBRES FRUITIERS.

Les fruits sont pour nous et pour les animaux une douce et saine nourriture. La Providence les a distribués selon les besoins de l'homme ; chaque climat voit mûrir des fruits différents. Dans nos contrées nous citerons, parmi les arbres fruitiers :

L'*amandier,* qui fleurit en mars.

L'*abricotier* qui fleurit en mars. Son fruit est l'*abricot.*

Le *cerisier* qui fleurit en mai.

Le *cognassier,* dont le fruit se nomme le **coing.**

Le *figuier,* qui donne des *figues.*

Le *mûrier,* qui fleurit dans le mois de juin et donne ses fruits, qu'on nomme *mûres,* en septembre.

Le *néflier* qui donne des *nèfles.*

Le *noisetier* fleurit en février.

Le *pêcher* fleurit en mars. Il donne le fruit velouté et succulent qu'on nomme la *pêche.*

Le *pommier* fleurit en mai.

Le *poirier* fleurit en avril.

Le *prunier* fleurit en avril.

ARBRES DE NOS JARDINS ET DE NOS FORÊTS.

Les espèces très-diverses, auxquelles appartiennent les arbres de nos contrées, donnent aux *bois* et aux *forêts* les aspects les plus variés : les feuillages étalent aux regards leurs nuances opposées; les tiges, les branches s'élancent dans les airs sous mille formes. Si les *jardins* et les *parcs* offrent plus de régularité dans leur disposition, c'est pour ajouter encore au plaisir des yeux.

Parmi les arbres qui donnent à vos promenades l'ombre et la fraîcheur, nous vous rappellerons :

L'*acacia*, dont les fleurs blanches sont disposées en grappes pendantes.

Le *charme*, dont le bois est propre au chauffage.

Le *catalpa*, bel arbre qui nous vient du Japon.

Le *chêne* est le roi de nos forêts; son fruit est le *gland*; son bois est très-utile.

Le *châtaignier* étale un épais feuillage; son fruit est la *châtaigne*.

L'*érable*, qui vient d'Amérique.

Le *hêtre*, dont le fruit est un gland brun nommé *faîne*.

Le *lilas* a des fleurs charmantes qui embaument nos jardins.

Le *marronnier*, remarquable par son beau feuillage et ses fleurs qui s'élèvent en pyramides.

Le *noyer* a un superbe feuillage; la *noix* est son fruit; son bois est très-employé.

Le *peuplier*, arbre gracieux et élancé; il croît avec une grande rapidité.

Le *platane*, dont les feuilles sont fort larges.

Le *pin* et le *sapin*, dont le feuillage est toujours vert.

Les **saules,** qui aiment l'humidité; le *saule-pleureur* courbe gracieusement ses rameaux vers la terre.

Le *sorbier*, dont les fruits pendent en belles grappes rouges.

Le *tilleul*, arbre utile qui sert d'ornement à nos jardins.

PLANTES REMARQUABLES.

Les *champignons* croissent à terre, sur le tronc des arbres, ou sur certaines matières animales en putréfaction; la partie supérieure du champignon s'appelle *chapeau;* plusieurs champignons sont bons à manger; mais beaucoup sont *vénéneux*, c'est-à-dire qu'ils contiennent un poison souvent mortel.

Les *truffes* sont des champignons qui croissent dans la terre.

Le *froment* ou *blé* a une tige allongée qu'on nomme *chaume*, à son extrémité est un renflement qu'on nomme *épi*, qui contient le *grain* dont on fait la *farine*.

L'*ivraie* ressemble beaucoup au froment, mais le cultivateur a soin de l'arracher parce qu'il nuit au blé.

Le *groseillier à maquereau* et le *groseillier rouge*, dont les fruits sont bien connus.

Le *cassis* ou *groseillier noir*, dont on fait la *liqueur de cassis*.

Le *fraisier*, dont les fleurs blanches viennent au mois de mai; il donne des *fraises*.

Le *framboisier* a ses fleurs blanches, disposées en grappes; il produit les *framboises*.

L'*olivier*, arbre qui donne l'*olive*.

Le *laurier-camphrier* est l'arbre qui fournit le *camphre*, en préparant d'une certaine manière les tiges, les branches et les feuilles coupées par petits morceaux.

Le *caféier*, dont la graine est le *café*

Le *vanillier*, petit arbrisseau d'Amérique, dont le fruit donne la *vanille* qui exhale une odeur si douce.

Le *cannellier*, arbre des pays chauds, dont l'écorce est la *cannelle*.

Le *grenadier*, dont les fleurs sont écarlates; ses fruits, qui s'appellent *grenades*, sont juteux.

Le *poivrier*, dont la graine desséchée donne le *poivre*.

Le *giroflier* donne des boutons qu'on cueille avant leur développement, et qu'on fait sécher, ils sont connus sous le nom de *clous de girofle*.

La *canne à sucre* a une tige droite, haute, luisante, garnie d'une foule de nœuds, d'où s'échappent de longues feuilles.

Le *lierre*, dont la tige grimpante s'attache aux murailles et aux arbres.

La *betterave*, dont la racine sert à faire du sucre.

Le *tabac*, dont les larges feuilles sont employées à faire des cigares ou réduites en poudre.

La *garance*, dont la racine fournit deux matières colorantes : l'une jaune et l'autre rouge.

Le *pastel* produit une couleur bleue.

L'*indigotier* donne un bleu magnifique.

Le *safran*, dont les feuilles donnent une belle couleur jaune.

Le *colza* donne une huile bonne pour l'éclairage.

L'*absinthe*, avec laquelle on prépare un vin et une liqueur.

Le *gui* s'attache aux arbres et se nourrit de leur sève.

L'*anis*, petite plante dont les fruits sont employés par les confiseurs.

La *ciguë* est vénéneuse; il y a une de ses espèces qui ressemble beaucoup au persil, et qu'il faut se garder de confondre avec lui.

L'*angélique*, dont la tige est préparée par les confiseurs.

Le *lin*, dont la tige est formée de petits filaments; les fleurs sont bleues.

Le *chanvre*, dont la tige est formée de filaments, comme celle du lin; sa graine, nommée *chenevis*, fournit de l'huile.

La *vigne*, dont le fruit est le *raisin*; sa tige s'appelle *cep*.

Le *thé*, arbuste de la Chine, dont les feuilles servent à faire une boisson d'un excellent goût.

Le *citronnier*, qui donne des fruits qui sont les *citrons*.

L'*oranger* a des fleurs blanches dont on fait l'*eau de fleurs d'oranger*, et des fruits délicieux qu'on nomme *oranges*.

Le *baobab*, arbre d'Afrique, le plus grand de tous les végétaux.

Le *cacaoyer*, les graines de ses fruits sont connues sous le nom de *cacao*, dont on fait le *chocolat*.

Le *cotonnier*, dans ses fruits les graines sont entourées d'un duvet blanc, c'est le *coton*.

Le *dattier* est un arbre des pays chauds, il donne les *dattes*.

Le *cocotier* donne des fruits excellents qu'on nomme *cocos*.

Le *palmier* a une tige élancée, terminée par une touffe de feuilles et de fruits.

Le *bois de campêche*, arbre d'Amérique qui donne la couleur rouge-sang employée par les teinturiers.

Le *mahogoni*, arbre d'Amérique qui donne le bois d'*acajou*.

Le *palissandre*, arbre des Indes dont le bois est fort employé pour faire des meubles de luxe.

Le *chêne-liége*, dont l'écorce est le *liége*.

La *moutarde* ou *sénevé*, dont la semence, broyée dans du vinaigre, est employée pour relever le goût des mets.

Le *cèdre*, arbre majestueux qui étend son feuillage vert-sombre à une grande distance; il couvrait autrefois les montagnes du Liban.

LES MINÉRAUX

Nous avons dit que les minéraux étaient inanimés, aussi ne remarquerons-nous chez eux aucun de ces organes destinés à entretenir la

vie; c'est pour cela qu'on les appelle êtres *inor-
ganiques* ou *inorganisés*, c'est-à-dire sans organes. Ils sont formés de l'union d'un grand nombre de petites parties qu'on nomme *molécules*.

Les PIERRES sont des corps solides et durs, ou
transparents ou *opaques* (c'est-à-dire qui ne
laissent pas traverser la lumière), qu'on rencontre dans la nature, soit réunis en grandes masses, soit disséminés à la surface ou dans l'intérieur des terres.

Parmi les pierres nous citerons :

Le *cristal de roche,* qui ressemble au verre.

Le *grès,* dont on fait le pavé.

Le *caillou* ou *silex,* employé pour les routes.

La *pierre à fusil,* qui est aussi du *silex,* frappée par l'acier, produit de vives étincelles.

La pierre CALCAIRE, ou simplement le *calcaire,* dont les espèces principales sont :

Le *marbre,* qu'on emploie à faire des statues,
à orner les monuments et les meubles.

La *craie,* qui est blanche et molle.

La *pierre de taille* ou *pierre à chaux,* qui est
employée dans les constructions des maisons, et
avec laquelle on fait la *chaux* qui forme les *mor-
tiers* employés pour la maçonnerie.

L'*albâtre,* belle pierre blanche.

Le GYPSE ou *pierre à plâtre,* qui est mou et se
réduit facilement en une poussière qu'on appelle
plâtre, employée par les maçons, et qui sert à
former le *stuc,* dont on fait les billes d'écoliers.

Le GRANIT, pierre très-dure, dont les Égyptiens

se servaient pour la construction de leurs monuments.

Les ARDOISES se trouvent dans la nature par blocs. On les divise en lames minces pour couvrir les maisons.

Les PIERRES PRÉCIEUSES sont ainsi nommées à cause de leur rareté et de l'éclat de leur couleur ; elles sont employées par la bijouterie comme objets de parure. Les plus connues sont :

Le *diamant,* qui est le plus dur, le plus brillant et le plus limpide des minéraux. Il forme les parures les plus estimées. Les pointes de diamant servent à couper le verre.

L'*émeraude* est verte.

La *topaze* est jaune.

Le *rubis* est rouge.

Le *saphir* est bleu.

L'*améthyste* est violette.

La *turquoise,* pierre opaque, est bleu-azur.

Le *lapis-lazuli* est opaque et bleu.

La *cornaline* est rouge.

Les *agates* ont des nuances très-variées.

L'*onyx* est une des plus belles agates.

On est parvenu à imiter le diamant et les autres pierres précieuses en colorant le verre ; cette composition du diamant se nomme *stras.*

Les MÉTAUX sont des corps pesants, opaques, ayant un certain éclat et qui prennent un beau poli quand on les travaille.

Les métaux remarquables sont :

Le *fer*, le plus utile des métaux, est aussi celui

que la nature, dans sa sagesse, a répandu le plus généralement sur la terre. Il est d'un gris bleuâtre. Malheureusement, au contact de l'air humide, il se couvre de *rouille*, ce qui le rend cassant.

L'*or* est d'un beau jaune; on en fait les objets les plus estimés et la monnaie du plus haut prix. Sa rareté le rend encore plus précieux. L'or a le grand avantage de ne pas s'altérer à l'air.

Le *platine* est le plus pesant des métaux. Il est d'un blanc bleuâtre. Il est plus cher que l'argent, mais moins cher que l'or.

L'*argent* est un métal blanc, qu'on emploie pour fabriquer les ustensiles de luxe et de la monnaie de diverses valeurs.

Le *cuivre* est un métal rouge très-employé; exposé à l'air il se couvre d'une matière verdâtre, qui est le *vert-de-gris*, poison très-violent.

Le *plomb* est blanchâtre, et se fond très-facilement.

L'*étain* est blanchâtre et brillant, mais son éclat s'altère à l'air; quand on le tord, il produit un bruit qu'on nomme le *cri de l'étain*.

Le *zinc* est d'un blanc bleuâtre.

Le *mercure* ou *vif argent* est le seul métal liquide à la température ordinaire.

On nomme COMBUSTIBLES les minéraux qui ont la propriété de brûler. Nous nommerons :

La *houille* ou *charbon de terre*, substance noire et luisante.

La *tourbe*, matière brune qu'on trouve près

des marais ; dans certains pays, elle remplace le bois.

L'ARGILE, ou *terre glaise*, est un mélange naturel de silice et d'alumine ; mêlée à l'eau, elle forme une pâte qui se durcit en cuisant.

La *porcelaine* est formée de deux espèces d'argiles que l'on réunit, et dont on fait une pâte qui durcit au feu.

GÉNÉRALITÉS SUR LES TROIS RÈGNES.

RÈGNE ANIMAL. — Il y a à Paris un bel établissement où l'on a réuni les curiosités des trois règnes de la nature ; c'est le *Jardin des Plantes*, que l'on doit surtout à *Buffon,* célèbre naturaliste du dix-huitième siècle.

Nous y admirons, non-seulement les animaux vivants qui forment la *Ménagerie,* mais encore les animaux *empaillés,* conservés dans de grandes galeries qu'on nomme *Musées* ou *Muséums.* C'est aussi dans de vastes salles que sont classés avec soin tous les *minéraux.* Quant aux plantes, elles sont cultivées dans les parterres du *Jardin botanique.*

Il règne au milieu de cette multitude d'êtres un ordre admirable. Ils sont *classés* suivant les caractères qu'ils présentent. Pour les animaux on observe surtout comment ils se *nourrissent,* et comment ils *marchent.*

Ainsi, selon la nourriture qu'ils choisissent, on distingue :

Les *carnassiers*, qui ne se nourrissent que de chair (les lions, les tigres).

Les *carnivores*, qui mangent de la chair et d'autres aliments (le chien).

Les *herbivores*, qui se nourrissent d'herbes (la chèvre, le bœuf).

Les *frugivores*, qui se nourrissent de fruits (l'écureuil).

Les *insectivores*, qui mangent les *insectes* (le hérisson, la taupe).

Les *omnivores*, qui mangent indifféremment toutes sortes d'aliments (l'homme).

Les *granivores*, qui mangent des grains (les oiseaux).

Les aliments sont introduits dans la bouche, tantôt avec le secours d'autres organes, comme chez l'homme, chez le singe, qui les prennent avec les mains, chez le chat avec les pattes, tantôt avec les *lèvres* mêmes ou d'autres parties de la bouche, comme la *trompe* chez l'éléphant et la *pompe* chez certains insectes. Les dents coupent la nourriture en petits morceaux; la *salive* l'imbibe pour faciliter son introduction dans l'estomac. Les dents n'existent que dans trois classes de vertébrés : les *mammifères*, les *reptiles* et les *poissons;* leur nombre et leur forme diffèrent selon la nature des aliments.

Les animaux quadrupèdes qui se nourrissent de fruits, de grains, d'herbages, ont une *bouche*. On dira la bouche du cheval, du bœuf, du mouton, de la chèvre, de l'éléphant, de l'âne, du lapin, etc. Les animaux quadrupèdes qui se nourrissent de chair ont une *gueule* ainsi que les *poissons* et les *reptiles*. On dira : la gueule du tigre, du lion, du chat, du chien, du loup, du renard, du brochet, de la carpe, de la truite, du serpent, du lézard, du crocodile, etc.

Avez-vous remarqué que la forme des organes, qui servent à la marche, n'est pas la même chez tous les animaux ?

Chez le singe, ce sont de véritables *mains*. Chez le chat, le chien, le tigre, le lion et chez d'autres espèces, les *pattes* sont formées de doigts armés d'*ongles* et de *griffes*.

Le *pied* du cheval, de l'âne, du zèbre n'est formé que d'un *seul doigt*, enveloppé d'une seule corne qu'on nomme *sabot*.

Les bœufs, les moutons, les chèvres, les cerfs, les girafes, les chameaux ont le *pied fourchu*, c'est-à-dire divisé en *deux sabots*.

Les oiseaux ont des doigts allongés, les uns dirigés en avant, les autres en arrière pour qu'ils puissent saisir les branches d'arbre où ils perchent. L'aigle, le vautour ont les doigts armés d'ongles crochus, qu'on nomme *serres*.

Les cygnes, les oies, les canards, qui vivent presque toujours dans l'eau, ont les doigts réunis par de petites peaux, ce qu'on nomme des doigts *palmés*, qui leur permettent de nager.

Nous avons employé tantôt le mot *patte*, tantôt le mot *pied*, parce qu'en effet ces deux mots désignent des organes différents.

La *patte* est formée de doigts garnis d'ongles ou de griffes : la patte du chien, du chat, du tigre, de l'ours. Des insectes ont aussi des pattes ; on dira la patte du hanneton, de l'araignée.

Le *pied* chez les animaux est formé d'un ou de plusieurs *sabots;* on dira donc : le pied du cheval, de l'âne, du cerf, de l'éléphant, du chameau, du bœuf, de la vache.

D'après la manière dont les animaux placent leurs pieds pour marcher, on distingue :

Les *plantigrades* qui marchent sur la *plante* des pieds (l'ours, le blaireau).

Les *digitigrades*, qui ne se posent que sur l'*extrémité des doigts;* ils sont très-légers et courent par *bonds* (le tigre, le lion, le chat).

Le nombre des organes de la marche diffère selon les espèces :

Les *bipèdes* ont deux pieds ou deux pattes (l'homme, l'oiseau).

Les *quadrumanes* ont quatre mains (le singe).

Les *quadrupèdes* ont quatre pieds ou quatre pattes (le chien, l'éléphant, le mouton).

Les insectes ont ordinairement *six pattes,* quelquefois huit, dix, douze, quatorze et même plus.

Les reptiles, pour la plupart, se déplacent en repliant leur corps sur lui-même en forme d'*anneaux*, comme le serpent.

La durée de l'existence chez les animaux varie suivant les espèces, depuis l'*éphémère* (ce mot signifie *pendant un jour*), insecte dont la vie se borne souvent à quelques heures, et ne dure jamais au delà d'un jour, jusqu'à l'*éléphant*, dont la vie, dit-on, se prolonge plusieurs siècles, et au *corbeau*, qui peut vivre cent ans.

Quelle prodigieuse variété ! depuis la *baleine*, le plus gros des animaux, jusqu'à ces *animalcules* imperceptibles qui s'agitent dans l'air autour de nous.

Nous avons vu que parmi les animaux, les uns vivaient sur la terre, animaux *terrestres* ; les autres dans l'eau, animaux *aquatiques;* certains autres peuvent vivre sur la terre et dans l'eau ; aussi les nomme-t-on *amphibies* (c'est-à-dire *vie double*), comme les *phoques,* les *morses*.

L'instinct de conservation guide les animaux dans le choix des demeures qui doivent les abriter et les préserver du danger. Les animaux féroces habitent les *antres,* les *cavernes;* le renard se creuse des *terriers* ou demeures souterraines ; l'oiseau construit son *nid* au milieu du feuillage ; l'aigle bâtit son *aire* sur les hauteurs des rochers ; les oiseaux qu'on nomme *républicains* vivent en société dans un même nid fait en commun.

L'enveloppe extérieure qui recouvre le corps des animaux, change selon les espèces ; le cheval, l'âne, ont le *poil ras;* l'ours, la martre, sont protégés contre le froid par une *fourrure* épaisse ; les chèvres, l'alpaga, ont le poil *long* et *soyeux;* le *cuir* de l'éléphant et de l'hippopotame est dur ; vous connaissez la *toison laineuse* du mouton, le *plumage* des oiseaux, les *écailles* des poissons, et les *coquilles* qu'entraînent avec eux ces petits animaux au corps mou, que nous avons nommés *mollusques*.

Les animaux se distinguent aussi par leurs cris :

L'*abeille*, la *mouche*, le *hanneton* bourdonnent.
L'*aigle* trompette.
L'*âne* brait.
Le *buffle* souffle, beugle.
La *brebis*, le *mouton* bêlent.
Le *chat* miaule.
Le *canard* nasille.
Le *cerf* brame.
Les *gros chiens* aboient.
Les *petits chiens* jappent.
Le *cheval* hennit.
Le *cochon* grogne.
Le *coq* chante.
Le *corbeau* croasse.
La *grenouille* coasse.
Le *dindon* glougloute.
La *dinde*, les *petits poulets* piaulent.

L'*éléphant* barète.
Le *renard* glapisse.
Le *hibou* hue.
L'*hirondelle* gazouille.
Le *lion* rugit.
Le *loup* hurle.
Le *moineau* pépie.
Le *paon* criaille.
Le *perroquet* cause.
La *pie* jacasse.
Le *pigeon* roucoule.
La *poule* glousse.
Le *rossignol* ramage.
Le *taureau* mugit.
Le *tigre* rauque ou rugit.
Le *serpent*, le *serin* sifflent.
Le *poisson* seul est muet.

NOMS DU MALE, DE LA FEMELLE ET DU PETIT DE CERTAINS

ANIMAUX.

L'*aigle* mâle,	L'*aigle* femelle.	L'*aiglon*.
L'*âne*,	L'*ânesse*,	L'*ânon*.
Le *bélier*,	La *brebis*,	L'*agneau*.
Le *bouc*,	La *chèvre*,	Le *chevreau*.
Le *bourdon*,	L'*abeille*.	
Le *cerf*,	La *biche*,	Le *faon*.
Le *cheval*,	La *jument* ou cavale,	Le *poulain*.
Le *chevreuil*,	La *chevrette*,	Le *faon* ou *chevrillard*.
Le *canard*,	La *canne*,	Le *canneton*.
Le *chien*,	La *chienne*.	
Le *chien* de chasse,	La *lice*.	

Le *cochon, porc,* ou *verrat,*	La *truie,*	Le *goret.*
Le *chameau,*	La *chamelle.*	
Le *chat* ou *matou,*	La *chatte,*	Le *chaton.*
Le *coq,*	La *poule,*	Le *poulet.*
Le *dindon,*	La *dinde,*	Le *dindonneau*
Le *daim,*	La *daine* (les chasseurs prononcent *dine.*)	
Le *faisan,*	La *poule faisane,*	Le *faisandeau.*
Le *lévrier,*	La *levrette,*	Le *levron.*
Le *lièvre,*	La *hase,*	Le *levrault.*
Le *loup,*	La *louve,*	Le *louveteau.*
Le *lion,*	La *lionne,*	Le *lionceau.*
Le *lapin,*	La *lapine* ou *hase,*	Le *lapereau.*
Le *linot,*	La *linotte.*	
L'*ours,*	L'*ourse,*	L'*ourson.*
L'*oie* mâle ou *jars,*	L'*oie femelle,*	L'*oison.*
Le *mulet,*	La *mule.*	
Le *paon,*	La *paonne.*	
Le *pigeon* mâle,	Le *pigeon* femelle,	Le *pigeonneau.*
La *perdrix* mâle.	La *perdrix* femelle,	Le *perdreau.*
Le *renard,*	La *renarde.*	
Le *serin,*	La *serine.*	
La *souris* mâle,	La *souris* femelle,	Le *souriceau.*
Le *sanglier,*	La *laie,*	Le *marcassin.*
Le *singe,*	La *guenon.*	
Le *taureau,*	La *vache,*	Le *veau.*
Le *tigre,*	La *tigresse.*	
La *tourterelle* mâle,	La *tourterelle* femelle,	Le *tourtereau.*

RÈGNE VÉGÉTAL. — La terre, par sa *fertilité,* récompense l'homme des soins qu'il lui prodigue; par sa *stérilité,* elle le punit de son indifférence ou de sa paresse.

C'est au prix des travaux les plus rudes, que le *laboureur* obtient les fruits de la terre. Suivant la saison, il trace avec le *soc* de sa *charrue* de profonds *sillons;* il *sème,* il couvre ses champs des *engrais* qui réchauffent et fécondent la terre, ou bien il se livre avec ardeur à la *moisson,* à la *vendange.*

Nos jardins exigent des soins plus attentifs. Le jardinier arrache les mauvaises herbes qui nuisent aux fleurs de ses *plates-bandes,* il *arrose,* il recueille les *graines ;* à l'approche de la saison froide, il transporte dans des endroits abrités et chauffés, qu'on nomme *serres,* les plantes délicates ou *exotiques,* c'est-à-dire étrangères, habituées à une température plus élevée que celle de nos climats. Les arbres réclament aussi son attention : il les *taille,* il les *émonde,* c'est-à-dire, qu'il coupe les branches inutiles. Un jardinier consciencieux n'a pas une minute à perdre ; il passe du *jardin d'agrément* au *potager,* réservé aux légumes ; du potager au *verger,* où sont plantés les arbres fruitiers ; à l'*orangerie,* car les *orangers* demandent des soins tout particuliers ; à la *pépinière,* où sont réunis les jeunes arbres qu'on veut transplanter. La culture ne demande pas seulement de l'activité, elle exige aussi de longues études ; elle comprend en effet :

L'*agriculture,* qui est l'art de cultiver les champs ;

L'*horticulture,* qui est l'art de cultiver les fleurs et les fruits ;

L'*agronomie,* qui est la science des lois générales de la culture.

Nous donnerons autre part de plus grands détails sur le règne végétal qui est si intéressant. Habituez-vous à regarder attentivement les plantes; recueillez quelques fleurs, quelques feuilles curieuses; vous les verrez toujours avec plaisir. Elles se conserveront longtemps si vous avez soin de bien les sécher. C'est ce qu'on nomme *herboriser* et former un *herbier*.

RÈGNE MINÉRAL. — Les métaux se trouvent ordinairement dans les profondeurs de la terre, réunis en grandes masses qu'on nomme *mines*. En observant le terrain, on trouve de longues bandes *métalliques* qu'on nomme *filons;* les mineurs se mettent alors à l'ouvrage, on trouve la mine et on commence à l'*exploiter*, c'est-à-dire, à en tirer ce qu'on appelle le *minerai* qui est le métal mêlé à d'autres corps étrangers. Ce n'est que par une suite d'opérations, et généralement en faisant fondre le minerai, c'est-à-dire par sa *fusion*, que l'on obtient le métal pur, brillant; c'est alors seulement qu'il est *ductile* et *malléable*, c'est-à-dire, propre à s'étendre et à se travailler au moyen du marteau. Le *minerai de fer*, par exemple, est apporté dans de grands établissements qu'on nomme *forges*, et c'est là qu'il est transformé en *fer* proprement dit.

Les *carrières* sont les lieux d'où l'on tire les pierres, les marbres. Les *ardoisières* sont les carrières d'ardoises.

Les *houillères* sont des mines de houille.

Quand on mêle ensemble plusieurs métaux fondus, on forme un *alliage*.

Si le mercure entre dans la combinaison des métaux, l'alliage prend le nom d'*amalgame*.

INDUSTRIE

LES TROIS RÈGNES DE LA NATURE

UTILISÉS PAR L'HOMME.

Toutes les choses qui nous entourent proviennent de deux sources distinctes : de la *nature* et du *travail de l'homme ;* elles sont des *produits naturels* ou des *produits industriels*, c'est-à-dire, ceux qui viennent de l'*industrie* humaine.

On nomme *industrie* le travail que l'homme exerce sur les produits de la nature, de manière à en tirer tout ce qui peut lui être utile ou agréable. Ce qui sert à nous *vêtir*, à nous *abriter*, à nous *nourrir*, ce qui fournit à notre *luxe*, à tous nos *besoins*, provient de l'un des trois règnes de la nature que nous avons expliqués tout-à-l'heure. Voyons donc quel parti l'homme a tiré des *produits naturels*.

RÈGNE ANIMAL.

PRODUITS NATURELS.	PRODUITS INDUSTRIELS.
Les *animaux de basses-cours*, certains *animaux domestiques*, les *poissons*, le *gibier*.	Sont préparés dans les *cuisines* pour servir d'*aliments*.
Le *lait* (de la vache, de la chèvre, de l'ânesse)	Est une boisson nourrissante. On en fait le *beurre*, le *fromage*.
Le *miel* et la *cire* des *abeilles*.	Le *miel* entre dans la préparation des aliments. On fait avec

La *laine* des brebis, des moutons, des agneaux, des mérinos, des chèvres du Thibet.

la *cire* des *bougies*. Elle est employée pour donner le brillant aux parquets.

On fait avec ces diverses laines : le *drap*, des *robes*, des *châles*, de la *bure*, ou grosse étoffe de laine, des *tapis*, des *matelas*, des *couvertures*, le *mérinos* ; les *châles de l'Inde* ou *cachemires* sont faits avec la laine des chèvres du Thibet.

La *soie* fournie par les *cocons* du *ver à soie* ou *bombyx*.

On en fait des étoffes fines pour le vêtement des femmes et la couverture des meubles ; les *rubans*, les *taffetas*, la *lévantine*, le *satin*, le *gros de Naples*, les *crêpes de Chine*, la *gaze*, des *velours*, des *chapeaux* d'hommes, la *blonde*.

La *peau* de veau, de bœuf, de cheval, de mouton des animaux à fourrure (*martre*, *hermine*, *petit gris*, *renard*).

Sert à faire le *cuir* dont on fait des *chaussures*, des *harnais* ; les peaux sont préparées pour confectionner les *gants*, les *reliures* de livres. Le *maroquin* et le *chagrin* viennent de la peau de chèvre ou d'agneau. La *basane* est de la peau de mouton. Le *parchemin* et le *vélin* proviennent de la peau de mouton, de chèvre ou de jeune veau. Le *cuir bouilli* est employé dans la confection de beaucoup d'objets de ménage. La *fourrure* fait des vêtements chauds.

Le *poil* du castor, du *lapin*, du *lièvre*.
La *baleine*.

Forme un tissu qu'on nomme *feutre* qui sert à faire des *chapeaux*.

La mâchoire de cet animal est traversée par des lames dures et flexibles, qu'on appelle *fanons*, dont on fait des *baleines* employées pour les corsets, les parapluies, etc.

PRODUITS NATURELS.	PRODUITS INDUSTRIELS.
Les *plumes* et le *duvet* des oiseaux.	**Servent** à plusieurs usages suivant l'espèce qui les fournit. Les *plumes à écrire*, les *plumeaux*, le *duvet* des *coussins* sont dus à l'oie. Les *édredons* sont faits avec le duvet d'un canard sauvage nommé *eider*. Les plumes qui ornent la coiffure et les chapeaux des dames sont prises à l'*autruche* et au *marabout*.
Le *musc* et la *civette*.	**Qui** fournissent une liqueur odorante dont on fait des parfums.
L'*éléphant*.	Ses défenses fournissent l'*ivoire*, que l'industrie façonne de mille manières.
Le *caret* (de la famille des tortues).	Dont la *carapace* donne l'*écaille*.
L'*avicule* (espèce d'huître).	La *nacre* tapisse l'intérieur de sa coquille, on y trouve aussi les *perles fines*.
Le *corail*.	Ce zoophyte fournit à l'homme cette substance de *corail* rose ou rouge, employée pour faire des objets de parure.
L'*éponge*.	Donne cette matière élastique qui se gonfle dans l'eau.
La *graisse* du mouton, du bœuf.	Donne le suif dont on fait la *chandelle*.
Les *sabots* du bœuf.	Servent à faire la *colle-forte*.
La *cochenille* (petit insecte d'Amérique).	Produit une belle couleur rouge qu'on nomme le *carmin*.
Le *blaireau*.	Ses poils servent à faire des *pinceaux*.

RÈGNE VÉGÉTAL.

PRODUITS NATURELS.	PRODUITS INDUSTRIELS.
Les *racines*, les *fruits*, les *feuilles* d'un grand nombre de *plantes*.	Sont accommodés pour la nourriture de l'homme.
Le *blé* ou *froment*.	Donne des grains qu'on réduit en *farine*; elle sert à faire le pain, le *gruau*, la *semoule*, le *vermicelle*, le *macaroni*. Le *son* est l'écorce du grain. La *paille* est la tige du blé.
Les *céréales*.	De leurs graines on forme l'*amidon* qui, délayé dans l'eau chaude, donne *l'empois*. On tire aussi de ces graines le *gluten*, matière très nutritive.
La *pomme de terre*.	Donne la fécule.
L'*olive*.	Donne l'*huile d'olive* si délicieuse pour l'assaisonnement des mets. Le *savon* est une pâte formée avec de l'huile (de préférence celle d'olive) et de la *soude*, matière que l'on tire d'une plante marine appelée *soude*.
Le *pavot*.	Sa graine nommée *œillette* donne une huile qui est la plus estimée après celle d'olive. Son fruit donne *l'opium* très-employé en médecine.
La *noix*.	Donne aussi de l'huile à manger, mais très commune.
La *canne à sucre*.	Qui donne un jus qu'on transforme en *sucre*. La *cassonnade* est le sucre brut ou non travaillé. La *mélasse* est une liqueur brune qui sort du sucre brut et dont on fait le *rhum*, le *tafia*, le *cirage*.

4

PRODUITS NATURELS.	PRODUITS INDUSTRIELS.
La *betterave*.	La racine donne un *sucre* très employé.
Le *cacao* (graine du *cacaotier*).	La noix renfermée dans son fruit, donne le *chocolat*.
Le café, graine du *caféier*.	Sert à faire ce liquide noir qu'on nomme *café*.
Le *thé*.	Dont les feuilles donnent une boisson agréable.
Le *raisin*.	Donne le *vin*. Du vin vient le *vinaigre* (ou *vin aigri*), l'*alcool* ou *esprit de vin*, l'*eau-de-vie*.
La *pomme*.	Pressée donne le *cidre*.
L'*orge* et la fleur de *houblon*.	Servent à faire la *bière*.
Le *sénevé*.	Sa graine délayée avec du vinaigre donne la moutarde.
Les *fruits de différentes espèces*.	Servent à préparer les *gelées*, les *conserves*, les *sirops*, les *confitures*, les *marmelades*.
Le *lin*.	Dont la tige sert à faire la *toile fine*, la *dentelle*, le *tulle*, la *batiste*. Le chiffon de linge sert à fabriquer le papier.
Le *coton*.	Employé à faire les tissus pour chemises, mouchoirs, robes, objets de bonneterie. Le *calicot*, la *percale*, la *mousseline*, les *indiennes* sont des tissus de coton.
Le *chanvre* et sa graine le *chenevis*.	La tige du *chanvre* sert à faire la *grosse toile*, les *voiles de vaisseaux*, la *corde*, la *filasse*, la *ficelle*. Le *chenevis*, donne de l'huile employée en peinture.
Le *tilleul*.	Ses fleurs sont employées en médecine, et son écorce fait de *bonnes cordes à puits*.
Le *colza* et la *navette*.	Fournissent l'huile à brûler.

PRODUITS NATURELS.	PRODUITS INDUSTRIELS.
Le *bois*.	Sert: au chauffage (le charme) à la construction des maisons, des charpentes, des navires (le chêne, l'orme, le hêtre, le frêne, le sapin, le pin) ; à la confection des meubles (l'acajou, l'ébène, le palissandre, le bois de rose, le citronnier, le hêtre, le merisier, le noyer) ; à la carrosserie (l'orme et le frêne) ; à la tonnellerie (le chêne, le frêne) ; à la teinturerie (les bois de *campêche* du *Brésil* qui donnent une belle couleur rouge) ; à faire des jouets d'enfants (le mélèze) ; à la fabrication des instruments de musique (l'érable) ; à faire le *charbon* (en réduisant le bois par le feu).
Les *fleurs*.	Donnent des essences parfumées qui entrent dans la composition des *pommades*, des *eaux de senteur*.
Le *tabac*.	Dont les feuilles séchées se réduisent en poudre : (le *tabac à priser*) ou se roulent pour faire des *cigares*.
L'*indigotier*.	Petit arbrisseau dont les feuilles donnent une belle couleur bleue qu'on nomme *indigo*.
La *garance*.	Sa racine donne une couleur *rouge*.
Le *hévé*.	Qui laisse couler de son tronc un liquide qu'on nomme *caoutchouc*, ou gomme élastique, dont on fait des chaussures, des vêtements, des balles d'enfants, etc.
Les *champignons*, qui croissent sur les chênes.	Sont employés pour faire l'*amadou*.

PRODUITS NATURELS.	PRODUITS INDUSTRIELS
Le *chêne-liége.*	Dont l'écorce est le liége employé pour faire des bouchons, des semelles, etc.

RÈGNE MINÉRAL

L'*or*, l'*argent*, le *platine*.	Servent à la confection des objets précieux, des bijoux, de la vaisselle plate, de la monnaie, etc., etc. — Le *vermeil* est l'argent doré.
Le *cuivre*.	Est employé à faire un grand nombre d'objets de ménage et principalement les ustensiles de cuisine, le *laiton* ou *cuivre* jaune, le *chrysocale* (employé à faire des bijoux de bas prix), sont des alliages de cuivre et de zinc. Les *épingles*, les *agrafes* sont en *laiton* blanchi avec de l'étain. Le *bronze* (dont on fait les canons, les statues, les cloches), est un alliage de cuivre et d'étain.
Le *fer*.	Dont l'emploi est indispensable dans l'industrie, pour la construction des maisons, la confection des outils, des machines, des clous, des serrures, du fil de fer ou fil d'archal. La *fonte* est la matière qui résulte de la première fusion du minerai de fer; on la coule dans des moules de sable auxquels on donne différentes formes; c'est ainsi qu'on fait des vases, des marmites, des chaudières, des plaques et des chenets de cheminée, des fers à repasser, etc., etc. Pour obtenir l'*acier* on soumet le fer à une forte chaleur, et on le plonge

PRODUITS NATURELS.	PRODUITS INDUSTRIELS.
	subitement dans l'eau ou dans l'huile froide ; cette opération qu'on appelle *trempe*, lui donne la dureté et l'élasticité. On emploie l'acier à faire des instruments tranchants, des couteaux, des ciseaux, des armes, des aiguilles, etc., etc. La *tôle* est du fer disposé en feuilles ; on en fait des tuyaux de poêle. Si les feuilles de fer sont recouvertes d'une couche d'étain, c'est le *fer-blanc* dont on fait un grand nombre d'objets de ménage.
L'*étain*.	Sert à recouvrir d'une couche légère les ustensiles de cuivre pour empêcher le vert-de-gris. Allié au mercure il forme une composition, que l'on applique sur des feuilles ou des plaques de verre plus ou moins grandes, pour en faire ce qu'on nomme des glaces et des miroirs. Cette opération s'appelle *étamage*. On fait avec l'étain des plats, des assiettes, des cuillers, etc.
Le *plomb*.	Est employé pour les tuyaux de conduite des eaux, pour les réservoirs, pour les gouttières, etc.
Le *zinc*.	Sert à faire des couvertures de toit, des baignoires, etc.
Les *moellons* ou pierres tendres, les *pierres de taille*.	Sont employés à la construction des maisons.
La *chaux*, le *sable*.	Mêlés à l'eau forment le *ciment* qui unit les pierres les unes aux autres.
Les *ardoises*.	Qui couvrent les maisons.
Les *terres*	Dont on fait les briques, les

PRODUITS NATURELS.	PRODUITS INDUSTRIELS.
glaises ou *argiles*.	tuiles, les poteries, les porcelaines, la faïence.
Les *marbres*.	On les emploie pour orner les édifices ; on en fait des cheminées, des statues.
Le *sable*, la *soude*, le *sel marin*, la *chaux*.	Ces différentes matières fondues ensemble donnent le *verre*.
L'*eau de mer*.	Cède le *sel* qu'elle contient.
Les *pierres précieuses*.	Servent à la parure des dames.
Le *jais*.	Substance noire dont on fait des parures.
La *houille*.	Sert au chauffage ; elle dégage le *gaz d'éclairage*. On nomme *coke* la houille qu'on a déjà brûlée une première fois pour la débarrasser des gaz dont l'odeur est désagréable.
L'*amiante*.	Minéral qui fournit des filaments *incombustibles* (c'est-à-dire qui ne peuvent brûler) avec lesquels on fait des *tissus*, du *papier*, des *mèches* de lampe qu'on n'a besoin ni de renouveler ni de couper.

ARTS ET MÉTIERS

COMMERCE.

Les *arts et métiers* sont les travaux auxquels l'homme se livre pour créer les produits industriels. Les *manufactures*, les *fabriques*, les *ateliers*, sont les établissements où se font ces produits.

Ce qu'autrefois les *artisans* ou les *ouvriers*,

c'est-à-dire ceux qui exercent des métiers, ne faisaient que par la force de leurs bras, en compromettant presque toujours leur santé, s'exécute maintenant, mieux et plus rapidement, au moyen des *machines*.

Les manufacturiers, les fabricants livrent leurs produits aux marchands en gros ou *négociants* qui, eux-mêmes, approvisionnent les marchands ou *détaillants*. C'est à ceux-ci qu'achètent les *consommateurs*, c'est-à-dire ceux qui emploient les produits de la nature ou de l'industrie pour la satisfaction de leurs besoins, et donnent en échange ce qu'on appelle l'argent ou la MONNAIE.

Le *commerce* a pour but de fournir aux fabricants la *matière première*, c'est-à dire les productions de la nature et aux consommateurs les produits industriels, au moyen de la *monnaie*.

ÉTATS ET MÉTIERS PRINCIPAUX

ET DE CEUX QUI LES EXERCENT.

La nourriture et ce qui s'y rapporte.

L'*agriculteur* (l'agriculture) qui cultive la terre.

Les *batteurs en grange*, qui battent les épis de blé pour en tirer le grain.

Le *boulanger* (la boulangerie), qui fait le pain.

Le *boucher*, qui tue les bestiaux et en vend la chair.

Le *berger*, qui garde les troupeaux.

Le *brasseur* (la brasserie), qui fait la bière.

Le *charcutier* (la charcuterie), qui prépare et vend de la viande de porc.

Le *chocolatier*, qui fabrique le chocolat.

Le *confiseur*, qui fait et vend des sucreries.

Le *coquetier*, qui vend des œufs.

Le *distillateur* (la distillerie), qui distille, qui fait les liqueurs.

L'*épicier* (l'épicerie), qui vend toutes sortes d'épices.

Le *fruitier*, qui vend des fruits, des légumes.

Le *fromager*, qui fait et vend des fromages.

Le *laitier*, qui vend du lait.

Le *meunier*, qui moud du blé pour faire la farine.

Le *maraîcher*, qui cultive les légumes.

Le *nourrisseur*, qui nourrit des vaches pour vendre leur lait.

Le *pâtissier* (la pâtisserie) qui fait et vend de la pâtisserie.

Le *raffineur* (la raffinerie), qui travaille le sucre brut pour le rendre plus fin.

Le *vigneron*, qui cultive la vigne.

Les vêtements et ce qui s'y rapporte.

Le *blanchisseur*, qui blanchit le linge.

Le *bonnetier* (la bonneterie), qui vend des bonnets, des bas, etc., etc.

Le *chapelier* (la chapellerie), qui fait et vend des chapeaux.

Le *cordonnier*, qui fait les chaussures.

Le *corroyeur*, qui travaille le cuir.

La *couturière* (la couture), qui coud les vêtements de femmes.

Le *drapier*, qui fabrique le drap.

Le *filateur* (la filature), qui forme les fils de soie, de laine, de coton.

Le *fourreur*, qui vend des fourrures.

Le *foulon*, qui foule ou presse et nettoie le drap.

Le *gantier*, qui fait et vend les gants.

La *lingère*, qui fait le commerce de linge et qui le travaille.

Le *mercier* (la mercerie), qui vend le fil, les aiguilles, le ruban, et tout ce qui sert à confectionner les habillements.

Le *passementier* (la passementerie), qui fait ou vend ces tissus étroits qui servent à orner les habillements.

Le *pelletier* (la pelleterie), celui qui prépare les peaux garnies de leur poil, pour en faire des fourrures.

Le *teinturier* (la teinturerie), qui teint, c'est-à-dire qui donne une couleur aux étoffes.

Le *tisserand*, qui fait de la toile.

Le *tanneur*, qui prépare le cuir.

Le *tailleur*, qui taille et coud des habits.

Les habitations et les objets dont elles sont meublées.

L'*affineur*, qui affine ou purifie les métaux.

Le *badigeonneur*, qui badigeonne.

Le *briquetier*, qui fait la brique.

Le *bûcheron*, qui abat le bois dans les forêts.

Le *carreleur*, pose les carreaux qui forment le sol des appartements.

Le *carrier*, qui tire la pierre des carrières.

Le *chaudronnier*, qui fait ou qui vend les ustensiles de cuisine.

Le *charpentier* (la charpenterie), qui travaille des charpentes.

Le *couvreur*, qui fait ou répare la couverture des toits des maisons.

L'*ébéniste* (l'ébénisterie), qui fait des meubles.

Le *ferblantier*, qui travaille le fer-blanc.

Le *fondeur* (la fonderie), qui fait fondre les métaux.

Le *forgeron*, qui travaille le fer au marteau et au feu.

Le *maçon* (la maçonnerie), qui travaille aux constructions où l'on emploie de la pierre.

Le *menuisier* (la menuiserie), qui fait des ouvrages en bois.

Le *marbrier*, qui travaille et polit le marbre.

Le *mineur*, celui qui tire les minéraux de la mine.

L'*orpailleur*, recueille les paillettes d'or qui se trouvent dans le sable des fleuves.

Le *plâtrier*, qui fait et vend du plâtre.

Le *paveur*, qui taille et place les pavés.

Le *peintre en bâtiments*, qui peint les murs.

Le *potier*, qui fait ou vend des poteries.

Le *plombier* (la plomberie), qui façonne le plomb.

Le *serrurier* (la serrurerie), qui fait des serrures et des ouvrages de fer.

Le *tapissier*, qui fait ou qui vend toutes sortes de meubles, de tapisseries et d'étoffes pour orner les appartements.

Le *verrier* (la verrerie), qui fait le verre.

Le *vitrier*, qui met les vitres aux fenêtres.

Le *zingueur*, qui travaille le zinc.

Objets divers de luxe et d'utilité.

L'*armurier*, qui fabrique des armes.

Le *bijoutier* et le *joaillier*, qui travaillent et vendent les bijoux et les joyaux.

Le *bimbelotier*, qui fabrique des jouets d'enfants.

Le *carrossier* (la carrosserie), qui fait des voitures suspendues.

Le *charron* (le charronnage), qui fait des charrettes.

Le *cirier*, qui travaille la cire.

Le *ciseleur* (la ciselure), qui orne les métaux en les travaillant avec le marteau et le ciselet.

Le *cordier* (la corderie), qui fabrique des cordes.

Le *coutelier* (la coutellerie), qui fabrique des couteaux et des ciseaux.

Le *doreur* (la dorure), qui recouvre les objets d'une couche d'or.

L'*émouleur*, qui fait métier d'émoudre, c'est-à-dire d'aiguiser les instruments sur la meule.

Le *fumiste*, qui construit les cheminées.

L'*horloger* (l'horlogerie), qui fait et répare les horloges, les montres.

L'*imprimeur* (l'imprimerie), qui, avec des caractères mobiles de métal, imprime les livres.

Le *layetier*, qui fait des caisses, des malles.

Le *luthier*, qui fait des instruments de musique à cordes.

Le *lapidaire*, qui taille les pierres précieuses.

Le *machiniste*, qui construit les machines.

Le *mécanicien* (la mécanique), qui fait des mécaniques suivant les lois de la mécanique.

Le *maréchal-ferrant*, qui ferre les chevaux.

Le *miroitier*, qui fait ou vend des miroirs.

L'*opticien*, qui fabrique des instruments d'optique.

L'*orfèvre* (orfèvrerie), qui fait des ouvrages d'or et d'argent.

Le *parfumeur* (la parfumerie), qui fait et vend des parfums.

Le *plumassier*, qui prépare et vend des plumes pour la parure.

Le *papetier*, qui vend du papier.

Le *relieur*, qui relie les livres.

Le *sellier*, le *bourrelier*, qui fait les selles, les harnais.

Le *tabletier* (la tabletterie), qui fait et vend les ouvrages d'ivoire, d'ébène, etc.

Le *tourneur*, qui façonne en rond les bois, les métaux.

Le *tonnelier* (la tonnellerie), qui fait des tonneaux.

Le *vannier* (la vannerie), qui travaille l'osier pour en faire des paniers, des vans, des corbeilles, etc.

OUTILS, INSTRUMENTS, APPAREILS PRINCIPAUX.

On appelle *outils*, *instruments*, *appareils*, toutes les choses inventées par l'homme pour l'aider, lui servir dans ses travaux. Nous allons nommer quelques-uns de ces instruments.

L'*alène*, poinçon de fer pour percer le cuir, dont se servent les cordonniers, les selliers.

L'*alambic*, appareil dont se servent les distillateurs.

L'*auge*, dans laquelle on délaie le plâtre.

La *baratte*, vase au long col, dans lequel on bat la crème pour en faire du beurre.

Les *bobines*, petits cylindres qui servent à dévider du fil, de la soie.

Le *burin*, instrument d'acier pour graver sur les métaux.

Le *baquet*, vase large en bois pour recevoir l'eau.

La *charrue*, qui sert à labourer la terre.

La *casse,* table inclinée, divisée en petites cases, pour recevoir les caractères d'imprimerie.

Les *cardes,* machine pour peigner le coton ou la laine.

La *canne,* long tube creux, au moyen duquel le verrier souffle la matière fondue pour former les bouteilles.

Le *composteur,* petit instrument où le *compositeur* d'imprimerie place les caractères qui doivent former les mots.

La *cuve,* grand vaisseau en forme de tonneau, où l'on met le raisin qu'on va fouler.

Le *cordeau,* petite corde dont se servent les jardiniers, les maçons, pour aligner.

Le *ciseau,* outil tranchant par un bout, dont se servent les menuisiers, les charpentiers.

Les *ciseaux,* instrument à deux branches qui sert à couper.

Le *ciselet,* petit ciseau dont se sert le ciseleur pour entamer les métaux.

Le *creuset,* petit vaisseau pour fondre les métaux.

Le *coin,* pièce de fer qui se termine en angle et qui sert à fendre le bois ou la pierre. C'est aussi un poinçon qu'on emploie pour faire certaines marques sur la monnaie, les médailles, la vaisselle.

Le *cric,* machine pour lever de lourds fardeaux.

La *cognée,* outil en forme de hache qui sert à fendre le bois.

Le *compas,* instrument à deux branches, en bois ou en métal, servant à prendre des mesures.

Le *dévidoir,* machine qui sert à mettre les fils de coton ou de toile en écheveaux.

Le *diamant,* avec lequel les vitriers coupent le verre.

La *demoiselle,* instrument à deux anses dont les paveurs se servent pour enfoncer les pavés.

L'*échafaud*, assemblage de pièces de bois dont se servent les maçons pour construire et réparer les maisons.

L'*essette*, marteau tranchant et pointu d'un côté pour tailler les ardoises.

L'*étau*, instrument pour serrer le fer quand on le travaille.

L'*enclume*, masse de fer sur laquelle on bat le fer.

L'*équerre*, instrument pour tracer des angles droits.

L'*établi*, table sur laquelle travaillent les menuisiers, les serruriers, etc.

La *faucille*, outil qui consiste en une lame d'acier recourbée en demi-cercle ; elle sert à couper le blé.

La *faux*, instrument pour couper l'herbe.

Le *fléau*, instrument qui sert à battre le blé.

Le *fil à plomb*, qui sert à donner la direction verticale.

La *filière*, qui sert à tirer les métaux en fils plus ou moins fins.

Le *foret*, petit instrument de fer dont on se sert pour percer.

La *gâche*, long bâton dont les maçons se servent pour remuer leur mortier.

La *grue*, machine pour élever les grosses pierres.

La *hache*, instrument tranchant pour fendre.

La *hachette*, petite hache dont se servent les maçons pour tailler les moellons.

Les *hauts-fourneaux*, où l'on fait fondre le minerai de fer.

La *herse*, instrument d'agriculture garni de dents en fer pour diviser les mottes de terre.

La *houe*, instrument de vigneron pour remuer la terre.

Le *laminoir*, machine qui réduit les métaux en minces feuilles.

La *lime*, instrument de fer couvert d'entailles à sa surface et servant à polir les métaux.

Le *marteau*, outil de fer pour battre.

Le *maillet*, marteau de bois à deux têtes dont se servent les menuisiers.

La *meule*, grosse pierre en forme de roue qui écrase le grain dans le moulin.

Les *moules*, objets creusés qui donnent la forme à la matière qu'on y introduit.

Le *pétrin*, grand coffre où se pétrit le pain.

Le *poinçon*, instrument de métal très-pointu.

La *presse*, machine au moyen de laquelle on imprime.

Le *pressoir*, machine qui sert à presser le raisin.

Le *pilon*, masse de bois ou de métal dont on se sert pour piler dans un mortier.

La *ripe*, espèce de marteau pour polir les pierres de taille.

Le *rabot*, outil de menuisier servant à aplanir la surface du bois.

La *scie*, lame de fer taillée en petites dents, dont on se sert pour scier.

La *tarière*, outil de fer pour faire des trous ronds dans une pièce de bois.

Les *tenailles*, instruments de fer composés de deux pièces qui s'ouvrent et se resserrent.

Le *tour*, machine pour façonner en rond les métaux, le bois.

La *truelle*, outil dont les maçons se servent pour employer le plâtre.

Le *valet*, instrument de fer qui sert à fixer le bois sur l'établi d'un menuisier.

Le *van*, panier construit dans la forme d'une coquille et à deux anses, dont on se sert pour nettoyer le grain en le jetant en l'air.

La *varlope*, gros rabot dont les menuisiers et les charpentiers se servent pour unir et dresser le bois.

Le *vilebrequin*, outil qui sert à percer le bois, au moyen d'un petit fer qu'on fait entrer en le tournant.

La *vrille*, outil de fer propre à percer.

DÉCOUVERTES ET INVENTIONS

L'homme en interrogeant la nature avec une persévérante intelligence, est parvenu à expliquer ses mystères, à pénétrer ses secrets, à exploiter ses richesses ; c'est ce qu'on nomme les *découvertes*. Ou bien encore, employant les ressources de son esprit, il se sert habilement des forces, des produits de la nature ; il les modifie, les combine, les transforme pour la satisfaction de ses besoins ou de ses plaisirs. On dit alors qu'il *invente*. Nous allons parler des *découvertes* et des *inventions* les plus importantes.

L'IMPRIMERIE, c'est-à-dire l'art de multiplier les copies d'un livre, ne date que du xv⁰ siècle. Auparavant on était obligé de copier à la main, c'est-à-dire, de faire des *manuscrits*, ce qui était très long et très coûteux. On appelait au moyen-âge *scribes*, ceux qui exécutaient les manuscrits.

La découverte de l'imprimerie est due à Gutenberg, né à Mayence, en 1409, et mort en 1468 ; c'est à Strasbourg qu'il trouva l'admirable moyen de multiplier les manuscrits, en employant des caractères mobiles de métal. Ces caractères sont formés par un alliage de plomb et d'antimoine, ou régule.

La machine qui sert à presser le papier sur les caractères mobiles, qu'on a recouverts d'une encre grasse, se nomme *presse*. Il y a des *presses mécaniques* qui permettent d'imprimer avec une grande rapidité. Ces presses mécaniques ont été inventées par Nicholson, mécanicien anglais, en 1790.

Nous avons à Paris une imprimerie remarquable, c'est l'Imprimerie Impériale, fondée par Richelieu, ministre de Louis XIII (xvii° siècle). Parmi les imprimeurs célèbres, il faut citer les *Aldes Manuce*, imprimeurs de Venise (xv° et xvi° siècle) ; les *Elzévirs*, imprimeurs hollandais (xvi° et xvii° siècle) ; les *Didot*, de France (xix° siècle).

La poudre a canon était employée par les Arabes, c'est en Italie que, pour la première fois, on fit usage du canon. Les Anglais se servirent pour la première fois de la poudre à canon, à la bataille qu'ils nous livrèrent à Crécy, en 1346, aussi fûmes-nous vaincus. Cependant, à cette époque les canons étaient simplement composés de pièces de fer reliées entre elles. Ce n'est que vers 1378, que le moine de Fribourg, *Berthold Schwartz*, inventa les bouches à feu faites d'un alliage de plomb et d'étain. La poudre est un mélange de soufre, de charbon et de salpêtre.

La boussole (v. p. 114) était connue, à ce qu'on croit, depuis longtemps par les Chinois, et les Arabes s'en servaient déjà, quand, au temps des croisades, vers le xii° siècle, les Européens leur empruntèrent l'usage de cet instrument. Les Italiens ont cependant réclamé l'honneur de l'invention de la boussole, en faveur d'un pilote napolitain, nommé *Flavio Gioia* (xiii° siècle). Mais on pense qu'il a seulement apporté quelques modifications à la confection de l'instrument, que, par exemple, c'est lui qui a fixé l'aiguille aimantée sur un pivot.

Le PAPIER. Les anciens se servaient de fibres végétales pour faire un tissu qui pouvait recevoir l'écriture ; c'est ainsi que les Égyptiens préparaient le *papyrus*, plante très-abondante en Égypte. Mais ce sont les Arabes qui firent, pour la première fois, vers le XI° siècle, le papier de coton. Quant au papier de lin, il est postérieur à 1300. La fabrication du papier ne fit de grands progrès que depuis l'invention des machines propres à le faire et qui sont dues au français *Louis Robert*, employé à la papeterie d'Essonne, vers 1799. Cette machine fut plus tard perfectionnée par M. Didot-Saint-Léger.

Les HORLOGES (v. p. 98). C'est au XII° siècle qu'on peut faire remonter l'origine des horloges. Mais il faut aller jusqu'au XIV° siècle pour trouver une horloge à peu près complète. Celle que l'Arabe *Henri de Vie* fit pour le roi de France Charles V. renfermait les principaux éléments des horloges actuelles. Mais c'est *Christian Huyghens*, au XVII° siècle, qui fonda véritablement l'horlogerie moderne, par l'invention du ressort en spirale, et par l'emploi du pendule, qui régularisa le mouvement des horloges.

On ne connaît pas l'inventeur des *montres*, qui ne sont que des horloges portatives. Les montres à répétition ont été inventées en Angleterre. Charles II envoya à Louis XIV les premières montres à répétition qui parurent en France. Parmi nos horlogers célèbres il faut citer : Julien le Roi, Lepaute, Bréguet.

Les **ARGILES** (v. p. 49) servent à fabriquer les *briques*, les *poteries*, les *porcelaines*, les *faïences*.

Le nom de *faïence* vient de *Faenza*, ville d'Italie où s'établirent de grandes fabriques de cette espèce de poterie; d'autres la font venir de *Faïence*, petit bourg situé en Provence, mais bientôt l'art de la poterie tomba en décadence et le secret de la fabrication de la faïence finit même par se perdre en France. Ce fut *Bernard Palissy*, né vers 1500, près d'Agen, mort en 1589, qui fit refleurir l'art de la poterie, et qui réussit à fabriquer ces admirables faïences émaillées, aujourd'hui encore si estimées.

La Chine produit une porcelaine renommée. En 1707, l'art d'imiter la porcelaine de Chine fut trouvé en Saxe, par le savant *Botticher*. En France, nous avons à Sèvres une manufacture de porcelaine célèbre, qui fut fondée en 1756.

Le **VERRE** fut connu des Phéniciens. Les premières verreries d'Europe furent établies à Venise au XIIIe siècle. Les Vénitiens trouvèrent le secret d'étamer les glaces connues sous le nom de *glaces de Venise*. Les anciens ne connaissaient pas ce secret, ils se servaient de miroirs en métaux polis.

LUNETTES D'APPROCHE. On attribue l'invention de ces lunettes à *Jean Lippershey*, opticien, habitant de Middelbourg (Hollande), et né à Wesel.

Le **TÉLESCOPE** est dû à *Grégory*, mathématicien écossais du XVIIe siècle (v. p. 114).

Le **MICROSCOPE** (v. p. 116). Le premier microscope fut construit par le Hollandais Zacharie Zansz ou Jansen, en 1590. Il fut perfectionné par *Galilée*, savant italien du XVIe et XVIIe siècle, et par *Robert Hooke*, physicien anglais du XVIIe siècle. Mais c'est surtout depuis les améliorations apportées par M. *Selligues*, que le microscope est devenu cet instrument puissant, si utile aux savants.

Le BAROMÈTRE (v. p. 112).

Le THERMOMÈTRE (v. p. 113).

Les MACHINES A VAPEUR, — BATEAUX A VAPEUR, LOCOMOBILES, etc. (v. p. 118).

CHEMINS DE FER, — LOCOMOTIVES (v. p. 119).

MACHINE ÉLECTRIQUE, — PILES DE VOLTA (v. p. 115).

PARATONNERRE (v p. 114).

TÉLÉGRAPHIE ÉLECTRIQUE (v. p. 123).

La GALVANOPLASTIE a pour but de reproduire un objet quelconque, en cuivre, en argent, en or. Pour cela on prend d'abord le moule de l'original qu'on veut reproduire, et on le plonge dans une dissolution qui contient un métal quelconque. Puis faisant passer un courant électrique, la dissolution se décompose et le métal qu'elle contenait vient se déposer dans le moule. *Brungnatelli*, physicien de Padoue, élève de Volta, eut le premier, en 1807, la manière d'obtenir par la pile, des dépôts d'or et d'argent. Mais la galvanoplastie n'a été réellement créée que vers 1837, par les travaux de MM. *Spencer* en Angleterre et *Jacobi* en Russie.

C'est par les mêmes procédés que la galvanoplastie, que M. *de Ruolz* est arrivé à la dorure et à l'argenture des métaux ; seulement, au lieu de moule, on emploie le métal à argenter ou à dorer. C'est pour cela que la vaisselle argentée ou dorée par ce procédé, et qu'on appelle *vaisselle Ruolz*, peut se donner à bon marché.

ÉCLAIRAGE AU GAZ. Le gaz, que produit la combustion du charbon de terre, et qui est formé de la combinaison de l'hydrogène avec le charbon, est ce qu'on nomme le gaz d'éclairage.

Philippe Lebon, ingénieur français, né en 1765, est le premier qui eut l'idée de faire servir à l'éclairage les gaz provenant de la distillation du bois. Mais c'est à la persévérance d'un Allemand, nommé *Winsor*, que nous devons l'adoption de l'éclairage au gaz.

BOUGIE STÉARIQUE. Dans tout corps gras il y a deux éléments : l'un solide, c'est l'*acide stéarique;* l'autre liquide, c'est l'*acide oléique.* C'est en débarrassant le suif de l'acide oléique, matière liquide qu'on est parvenu à former avec l'*acide stéarique,* une matière sèche qui, brûlée avec une mèche, donne un éclairage commode et propre. La production de la bougie stéarique avec les acides gras, est due à M. de Milly (1831). Il avait établi son usine à Paris, près de la barrière de l'Etoile ; de là le nom de *bougie de l'Étoile.*

La PHOTOGRAPHIE a pour but de fixer la lumière, et par conséquent la forme des objets, soit sur une plaque de métal, soit sur du papier. *Niepce*, né à Châlons-sur-Saône, en 1765 et *Daguerre*, à Paris, sont les fondateurs de la photographie. D'abord on ne put reproduire l'image que sur une plaque de métal. C'est ce qu'on nomme le *daguerréotype* ou *photogra-*

phie sur métal. Mais en 1839, M. *Fox-Talbot*, Anglais, découvrit la photographie sur papier.

Les AÉROSTATS ou *ballons* (v. p. 121).

Les PUITS ARTÉSIENS (v. p. 101).

LES BEAUX-ARTS

Ce qu'on nomme les *beaux-arts* sont bien au-dessus des arts mécaniques, qui ne font que transformer la nature. L'esprit y a une plus grande part. L'utilité n'est plus leur seule cause. Ils sont surtout l'expression de la pensée et des sentiments.

Ceux qui cultivent les beaux-arts sont nommés *artistes*.

Les ouvriers se livrent donc à un travail qui demande principalement le secours des mains, de la force physique ; les *artistes* puisent leur principale force dans les facultés de leur esprit.

On peut diviser les beaux-arts en trois parties :

1° Ceux qui se servent de la parole : la *littérature*.

2° Ceux qui s'adressent à l'oreille : la *musique*.

3° Ceux qui s'adressent aux yeux : l'*architecture*, le *dessin*, la *peinture*, la *sculpture*, la *danse* ou la *chorégraphie*.

La *littérature* est l'art de donner à la pensée une forme convenable au moyen des mots.

La *musique* est l'art de combiner agréablement les sons.

L'*architecture* est l'art de construire les édifices.

Le *dessin* est l'art de représenter les objets au moyen des lignes.

La *peinture* est l'art de représenter les objets par des lignes et des couleurs.

La *sculpture* est l'art de tailler le marbre, la pierre, le bois, pour représenter des figures.

La *danse* ou la *chorégraphie* est l'art de régler les pas et les figures par la musique.

LE CIEL

LES ÉTOILES.—LE SOLEIL.—LES PLANÈTES. — LES SATELLITES.

Tous ces points lumineux, que nous voyons au ciel par une belle nuit, sont des mondes; ils ne nous paraissent si petits que parce qu'ils sont à de grandes distances de la terre; on les nomme *astres*, et la science qui apprend à les connaître est l'*astronomie*.

Pour mieux les observer on emploie une grande lunette qui les grossit extrêmement; c'est le *té-lescope*, qu'on doit à un savant Italien du XVIIᵉ siècle, nommé *Galilée*.

En regardant attentivement, on remarque que les astres ne brillent pas du même éclat; les uns ont une lumière sans cesse agitée, et, comme on dit, *scintillante*, ce sont des *étoiles*. Les autres une lumière calme, immobile, ce sont des *pla-nètes*.

Les *étoiles* qu'on nomme *fixes*, parce qu'elles

ne changent pas de position les unes par rapport aux autres, sont des corps lumineux par eux-mêmes. La plus grande à nos yeux est le *soleil*.

Les *planètes* sont des corps obscurs ou opaques qui tournent autour du soleil et reçoivent de lui la lumière et la chaleur. La *terre* est une de ces planètes. Chaque étoile entraîne autour d'elle, comme fait le soleil, des corps qu'elle éclaire; mais nous sommes trop loin d'eux pour les apercevoir; car nous ne connaissons pas les limites de l'*espace* où se meuvent les corps célestes. Vous avez vu, par une nuit bien pure, cette ceinture blanchâtre qui semble entourer le ciel et qu'on nomme *voie lactée*, c'est-à-dire chemin de lait, eh bien! ce sont des étoiles qui, placées à des distances incalculables, ne peuvent nous envoyer qu'une lumière douteuse et pâle.

Les étoiles que nos yeux distinguent sont réunies en groupes qu'on nomme *constellations*. Chacune d'elles a reçu un nom : il y a la *Chèvre*, la *Lyre*, le *grand Chien*, le *petit Chien* et bien d'autres, puisque l'on compte 108 constellations. Faites-vous montrer celle qu'on nomme le *Chariot* ou *Grande-Ourse*, qui est composée de sept étoiles.

Le *soleil* est l'étoile autour de laquelle voyagent les planètes. Il reste à la même place en tournant sur lui-même en *vingt-cinq jours* et *douze heures*. Il jette de toutes parts des *rayons* de lumière et de chaleur. Il est *un million trois cent mille* fois plus gros que la terre.

On connaît maintenant soixante-deux planètes.
Les unes sont assez rapprochées de nous pour
qu'on puisse les distinguer à *l'œil nu*, on les
nomme *planètes principales*. Les autres ne peuvent être vues qu'à l'aide du *télescope;* on les
nomme *planètes télescopiques*.

Toutes ces planètes ont deux mouvements :
l'un autour du soleil, qu'on nomme mouvement
de *révolution;* l'autre sur elles-mêmes qui est
celui de *rotation*. Lancez une toupie, vous aurez
l'idée de ces deux mouvements qui se font en
même temps.

Les *planètes principales* sont :

Mercure.	La plus rapprochée du soleil.
Vénus.	La plus brillante. Elle se voit tantôt après le coucher du soleil : on l'appelle *l'étoile du soir;* tantôt avant le lever du soleil : elle prend le nom d'*étoile du berger*.
La *Terre.*	
Mars.	
Jupiter.	La plus grosse. Elle a 1,300 fois le volume de la Terre. Son éclat est quelquefois plus vif que celui de Vénus.
Saturne.	Qui est entourée d'un anneau cir- culaire composé de deux bandes plates.
Uranus.	
Neptune.	

Les *planètes télescopiques* sont :

1. *Cérès.*	22. *Calliope.*	43. *Ariane.*
2. *Pallas.*	23. *Thalie.*	44. *Nysa.*
3. *Junon.*	24. *Phocéa.*	45. *Eugénia.*
4. *Vesta.*	25. *Thémis.*	46. *Hestia.*
5. *Astrée.*	26. *Proserpine.*	47. *Pseudo-Daphné.*
6. *Hébé.*	27. *Euterpe.*	48. *Aglaïa.*
7. *Iris.*	28. *Bellone.*	49. *Doris.*
8. *Flore.*	29. *Amphitrite.*	50 *Palès.*
9. *Métis.*	30. *Uranie.*	51. *Virginia.*
10. *Hygie.*	31. *Euphrosine.*	52. *Nemausa.*
11. *Parthénope.*	32. *Pomone.*	53. *Europa.*
12. *Victoria.*	33. *Polymnie.*	54. *Calypso.*
13. *Égérie.*	34. *Circé.*	55. *Alexandra.*
14. *Irène.*	35. *Leucothée.*	56. *Pandore.*
15. *Eunomia.*	36. *Atalante.*	57. *Mnémosyne.*
16. *Psyché.*	37. *Fides.*	58. *Concordia.*
17. *Thétis.*	38. *Léda.*	59. . . . .
18. *Melpomène.*	39. *Lætitia.*	60. *Titania.*
19. *Fortuna.*	40. *Harmonia.*	61. *Danaé.*
20. *Massalia.*	41. *Daphné.*	62. *Erato.*
21. *Lutétia.*	42. *Isis.*	

La *révolution* de ces planètes est plus ou moins rapide. *Mercure* fait le tour du soleil en 87 jours, tandis que *Neptune* met plus de 217 ans.

Les *satellites* ou *planètes secondaires* sont de petits corps qui circulent autour des planètes principales, et les accompagnent dans leur révolution autour du soleil.

Voici les planètes principales qui sont accompagnées de satellites :

La *Terre* en a un, qui est la *lune.*

Jupiter en a quatre.

Saturne en a sept.

Uranus en a six.

Neptune en a un.

Il y a donc *dix-neuf satellites* connus.

LA TERRE

Avant de rien dire sur nos planètes, prenons ce qu'on nomme un *globe terrestre* et observons-le. Il représente la figure de la terre, et est préparé pour bien faire comprendre sa forme et ses mouvements par rapport au soleil. Il est donc inutile de dire que tout cet appareil de lignes, de cercles de cuivre, etc., ne sont que *supposés*. Ainsi cette tige de métal, qui perce le globe, est appelée l'*axe* de la terre, et ses deux extrémités les *pôles* : le *pôle nord* en haut, et le *pôle sud* en bas. Vous voyez maintenant sur la surface du globe, ces lignes qui l'entourent, elles décrivent des cercles; les principaux sont :

1° L'*équateur* qui divise le globe en deux parties égales, qu'on nomme les *hémisphères*.

Dans l'hémisphère du nord, nous voyons :

2° Le *cercle polaire arctique* ou du nord.

3° Le *tropique du cancer*.

Dans l'hémisphère du sud, nous voyons :

4° Le *cercle polaire antarctique,* ou du sud.

5° Le *tropique du capricorne*.

Maintenant entrons dans quelques détails.

La terre est la planète que nous habitons.

Les anciens croyaient qu'elle avait la forme d'un grand plateau entouré d'eau salée; mais nous venons de voir qu'elle est ronde comme une boule, ou une *sphère*, qui aurait 9,000 lieues de tour.

Elle a comme les autres planètes le mouvement

de *rotation* sur elle-même, et celui de *révolution* autour du soleil.

La *rotation* se fait sur l'*axe* comme une roue tourne sur son essieu. La terre fait un tour complet sur elle-même dans l'espace de vingt-quatre heures, et présente ainsi successivement chacune de ses parties au soleil. La rotation est donc la cause de l'alternative des jours et des nuits.

On a cru longtemps que c'était le soleil qui tournait autour de la terre, parce qu'en effet il semble marcher, et nous disons même encore qu'il se *lève* et qu'il se *couche*, mais ce sont nos yeux qui nous trompent, comme l'a démontré pour la première fois un célèbre astronome prussien du XVIe siècle, nommé *Copernic*.

Il ne faut pas croire pourtant que la lumière et les ténèbres se succèdent par toute la terre comme dans nos contrées. Chez nous, tantôt les jours sont plus longs que les nuits (depuis le commencement du printemps jusqu'à la fin de l'été) ; tantôt les nuits sont plus longues que les jours (depuis le commencement de l'automne jusqu'à la fin de l'hiver); tandis que deux fois dans l'année seulement, le *premier jour du printemps* et le *premier jour de l'automne*, il y a douze heures de jour et douze heures de nuit : c'est ce qu'on nomme les *équinoxes*.

Au contraire, tous les pays situés sur l'équateur ont constamment des jours égaux aux nuits, et les régions qui avoisinent les deux *cercles polaires* ont alternativement à peu près *six mois* de jour et *six mois* de nuit, ou, pour mieux dire, *un jour* qui dure six mois et *une nuit* qui dure le même temps.

La terre fait sa *révolution* en 365 jours 5 heures 48 minutes 51 secondes, ou en *une année*. La route qu'elle fait autour du soleil se nomme *orbite ;* elle a la forme d'une *ellipse* ou d'un rond un peu aplati. Voulez-vous bien comprendre le voyage de la terre? Tracez sur du papier ou sur une ardoise un grand rond allongé, ce sera le chemin que parcourt la terre autour du soleil; puis, placez cet astre, que vous figurerez par un gros point noir, non pas au milieu de votre ellipse, mais beaucoup plus à droite. Vous voyez alors que, tantôt la terre doit se rapprocher beaucoup du soleil, et que tantôt elle s'en éloigne considérablement.

Pourtant, sans tenir compte de ces différentes distances, disons que la terre est à environ *trente-quatre millions* de lieues du soleil. Sa lumière ne met cependant pour arriver jusqu'à nous que 8 minutes 13 secondes, c'est-à-dire qu'elle fait 70,000 lieues par seconde.

C'est le mouvement de révolution qui produit les changements dans la température que nous appelons les *saisons*.

Il y a dans nos contrées quatre *saisons* qui durent chacune 3 mois :

Le *printemps* qui commence le 20 mars ;

L'*été* qui commence le 21 juin ;

L'*automne* qui commence le 22 septembre ;

L'*hiver* qui commence du 21 au 22 décembre.

Les plus grandes chaleurs se font ressentir en été ; les plus grands froids en hiver.

Par conséquent, il semblerait qu'en été la terre doit se trouver le plus rapprochée du soleil, tandis qu'en hiver elle doit en être le plus éloignée. C'est tout le contraire qui arrive. En été, la terre quoique à une grande distance du soleil, reçoit une chaleur plus vive, parce que ses rayons arrivent directement, en droite ligne. En hiver, le soleil est près de nous, mais ses rayons donnent moins de chaleur, parce que la terre ne peut les recevoir directement ; ils glissent pour ainsi dire à sa surface.

LES CINQ ZONES.

Le renouvellement des quatre saisons ne se fait pas sentir partout. L'état de la température change selon les différents lieux de la terre, et constitue ce qu'on nomme les *climats*. C'est pour les distinguer qu'on a divisé le globe en *cinq* bandes ou *zones,* bornées par les grands cercles dont nous avons parlé :

1° La *zone torride* ou *brûlante* entre les *deux tropiques* et coupé en deux moitiés par l'équateur.

Les contrées qu'elle comprend sont exposées à une chaleur excessive.

2° La *zone tempérée du nord* entre le tropique du Cancer et le cercle Polaire arctique.

3° La *zone tempérée du sud* entre le tropique du Capricorne et le cercle Polaire antarctique.

Dans ces deux zones la chaleur est modérée.

4° La *zone glaciale du nord* entre le cercle arctique et le pôle nord.

5° La *zone glaciale du sud* entre le cercle antarctique et le pôle sud.

Ces deux zones éprouvent un froid rigoureux.

La France se trouve située dans la zone tempérée du nord.

LES ANTIPODES. — L'ATTRACTION.

Puisque la terre est ronde, il y a des hommes qui sont dans une situation toute opposée à la nôtre, et qui semblent, par rapport à nous, marcher la *tête en bas;* on les appelle nos *antipodes,* ce qui veut dire *opposés aux pieds*. Mais en réalité ils se tiennent comme nous-mêmes les pieds vers la terre, la tête vers le ciel. Seulement chez eux tout est contraire à ce qui se passe chez nous; quand nous avons le jour, ils ont la nuit; quand ils ont l'été, nous avons l'hiver. Les antipodes de Paris se trouvent près de la Nouvelle-Zélande.

Mais comment les habitants de la terre peuvent-ils rester à sa surface et ne s'en éloigner jamais? En voici la raison. La terre exerce sur tous les êtres qui la couvrent, une force qui les attire vers elle; on la nomme *attraction* ou force *centripète*, c'est-à-dire *qui tend vers le centre*. C'est cette force qui, tout en nous permet-

tant de nous déplacer librement, nous retient à
la terre; c'est elle qui maintient les eaux à la
surface du globe; c'est elle encore qui rappelle
vers vous la balle lancée dans les airs.

LA LUNE

La lune, notre satellite, est quarante-neuf fois
plus petite que la terre. Elle emprunte au soleil
une lumière qu'elle nous renvoie pendant la nuit.
Elle met 27 jours, 7 heures 43 minutes à faire sa
révolution autour de notre planète ; pendant ce
voyage, elle offre à nos yeux constamment la
même face, mais sous différentes formes, qu'on
nomme ses *phases*.

Quand la lune se trouve entre nous et le soleil,
elle ne nous présente que son côté obscur, tandis
que sa partie éclairée est du côté du soleil, alors
nous ne pouvons la voir; c'est ce qu'on nomme
la *nouvelle lune*. Quelques jours après, la lune
offrira l'aspect d'un *croissant*, dont les cornes
seront tournées vers le levant; de jour en jour le
croissant s'élargit, et sept jours après la nouvelle
lune, nous voyons un demi-cercle brillant; c'est
le *premier quartier*. Sept jours plus tard la lune
sera *pleine*, c'est-à-dire que sa partie éclairée
sera tout entière tournée vers la terre; elle nous
apparaît alors sous la forme d'un cercle lumineux et nous éclaire toute la nuit. Dès-lors, la
partie visible et éclairée de la lune va en dimi-
nuant, elle *décroît*. Elle nous offrira de nouveau

un cercle lumineux, c'est le *dernier quartier;* un *croissant* qu'on nomme *déclin,* dont les cornes sont cette fois tournées vers le couchant, et enfin elle redeviendra invisible pendant deux ou trois jours pour reparaître ensuite sous les mêmes phases (1).

ÉCLIPSES.

On appelle *éclipse*, la disparition momentanée du soleil ou de la lune. Il y a *éclipse de soleil,* quand la lune se trouve entre la terre et le soleil, de manière à intercepter en totalité ou en partie la lumière de cet astre.

Il y a *éclipse de lune* quand la terre est placée entre le soleil et la lune, celle-ci passe alors dans l'*ombre* de notre globe et se trouve ainsi éclipsée.

COMÈTES. — ÉTOILES FILANTES. — AÉROLITHES.

On voit quelquefois apparaître au ciel des astres qui, après avoir brillé quelque temps, sont entraînés par la rapidité de leur course, à des distances où nous ne pouvons plus les apercevoir. Ces corps sont nommés *comètes,* ce qui veut dire

_____

(1) D'une nouvelle lune à une nouvelle lune, c'est-à-dire pour que notre satellite soit ramené à la même position, *par rapport au soleil*, il s'écoule 29 jours et demi; c'est ce qu'on nomme *mois lunaire* ou *lunaison.*

chevelure, parce qu'ils sont environnés d'une masse lumineuse. Ils laissent aussi après eux une trainée de lumière, qu'on appelle *queue* de la comète.

Outre les astres dont nous avons parlé, on connaît encore d'autres petits corps, qui sont emportés autour du soleil, ce sont les *aérolithes* et les *étoiles filantes.*

Les *aérolithes* sont des corps qui, quelquefois détournés de leur course, tombent sur la terre.

Les *étoiles filantes* sont des corps (ainsi nommés, parce qu'ils semblent des étoiles qui tombent sur la terre) qui s'enflamment en passant avec vitesse dans les hauteurs de l'atmosphère, et sillonnent le ciel d'une lueur rapide.

DIVISION DU TEMPS.

Les deux mouvements de la terre, par rapport au soleil, qui produisent les *jours* et les *années,* ont servi à mesurer le *temps* qui est la durée des choses.

L'*année* a été divisée en 12 mois.
Le *mois* en 4 semaines ou environ 30 jours.
La *semaine* en 7 jours.
Le *jour* en 24 heures.
L'*heure* en 60 minutes.
La *minute* en 60 secondes.
La *seconde* en 60 tierces.

ANNÉE. — Nous savons que l'année a 365 jours et environ 6 heures. Ces 6 heures servent à composer tous les 4 ans un jour de plus, c'est-à-dire que cette quatrième année comprend 366 jours. On distingue donc *l'année commune* ou *civile*, qui a 365 jours, et *l'année bissextile*, qui a 366 jours.

On reconnaît qu'une année est bissextile, quand on peut en prendre le *quart* juste. Ainsi 1869 n'est pas bissextile ; il n'y aura d'année bissextile qu'en 1872.

L'année s'ouvrait autrefois à différentes époques, mais depuis Charles IX (roi de France du XVI° siècle), elle commence le 1er janvier pour tous les peuples chrétiens d'Europe , excepté cependant pour les Russes, qui la commencent le 13 du même mois.

Le *calendrier* ou *l'almanach* est un tableau qui indique l'ordre des jours, des semaines, des mois, des fêtes d'une année.

Un espace de cent ans forme un *siècle*.

Les *Hébreux* comptaient par année *sabbatique* ou espace de *sept ans*.

Les *Grecs*, par *olympiade,* espace de *quatre ans*.

Les Romains, par *lustre,* espace de *cinq ans*.

Les grands évènements de l'histoire sont classés par *siècles,* depuis la création du monde, et chaque fait important a sa *date* c'est-à-dire l'année où il s'est accompli.

Les *ères* sont des époques d'où chaque peuple commence à compter ses années ; l'ère des chrétiens est la naissance de Jésus-Christ.

La connaissance des siècles, des dates, correspondant à des évènements historiques, forme la science de la *chronologie*.

Un *anachronisme* est une faute contre la chronologie.

Mois. — Voici les douze mois avec leur signification :

1. — *Janvier*, c'est-à-dire mois de *Janus*, ancien roi d'Italie.

2. — *Février*, ce qui veut dire *purifier*, parce que dans ce mois les Romains célébraient des sacrifices, qui consistaient à purifier tout le peuple.

3. — *Mars*, consacré à MARS. dieu de la guerre chez les anciens.

4. — *Avril*, d'un mot qui veut dire *ouvrir*, parce que à cette époque de l'année, la terre s'*ouvre* pour laisser germer les plantes.

5. — *Mai*, qui vient d'un mot qui veut dire les *plus âgés*, parce que chez les Romains ce mois était consacré aux *vieillards*.

6. — *Juin*, vient de *Junon*, la reine des dieux.

7. — *Juillet*, vient du nom de *Jules César*, romain célèbre du 1er siècle avant J.-C.

8. — *Août* vient d'*Auguste*, premier empereur romain du 1er siècle.

9. — *Septembre* ou septième mois.
10. — *Octobre* ou huitième mois.
11. — *Novembre* ou neuvième mois.
12. — *Décembre* ou dixième mois.

Parce que l'année, commençant autrefois au mois de *Mars*, ces mois se trouvaient alors dans l'ordre que leur nom indique.

En réalité, les mois n'ont pas tous le même nombre de jours :

Sept mois ont *trente-et-un* jours, savoir : Janvier, Mars, Mai, Juillet, Août, Octobre et Décembre.

Quatre mois ont *trente* jours, savoir : Avril, Juin, Septembre et Novembre.

Un seul mois, celui de *Février* a 28 jours dans les années communes, et 29 dans les années bissextiles.

Pendant la première République, les mois avaient reçu de nouvelles dénominations, propres à rappeler les saisons de l'année auxquelles ils devaient correspondre. Voici le nom des mois du calendrier républicain, avec les mois actuels qui y correspondent :

MOIS DU PRINTEMPS :

Germinal, mois des germes. . . . . Mars.
Floréal, mois des fleurs . . . . Avril.
Prairial, mois des prairies. . . . . Mai.

MOIS DE L'ÉTÉ :

Messidor, mois de la moisson. . . . Juin.
Thermidor, mois de la chaleur. . . Juillet.
Fructidor, mois des fruits. . . . . . Août.

MOIS DE L'AUTOMNE :

Vendémiaire, mois de la vendange. . Septembre.
Brumaire, mois des brouillards. . . . Octobre.
Frimaire, mois des frimas . . . . Novembre.

MOIS DE L'HIVER :

Nivôse, mois de la neige. . . . . Décembre.
Pluviôse, mois de la pluie. . . . . Janvier.
Ventôse, mois du vent . . . . Février.

Semaine. — Ce mot veut dire *sept matinées* elle est composée de sept jours, dont voici les noms :

Dimanche	ou jour du *Seigneur*.
Lundi	ou jour de la *Lune*.
Mardi	ou jour de *Mars*.
Mercredi	ou jour de *Mercure*.
Jeudi	ou jour de *Jupiter*.
Vendredi	ou jour de *Vénus*.
Samedi	ou jour de *Saturne*.

On remarquera que les noms des six derniers jours sont tirés des planètes auxquelles ils étaient consacrés. On les nomme jours *ouvrables*, c'est-à-dire employés au travail.

Le dimanche chez nous, est consacré au repos et à la prière ; chez les anciens, c'était le jour du *soleil*.

On entend ordinairement par jour, l'espace de temps compris entre le lever et le coucher du soleil, c'est-à-dire, l'intervalle pendant lequel nous sommes éclairés par cet astre. Dans ce cas, il est opposé au mot *nuit*.

On remarque avant le lever du soleil et après son coucher, une faible lumière qu'on nomme le *crépuscule*. L'*aurore* ou l'*aube* est le crépuscule du matin.

Heures. — Depuis les temps les plus anciens, des instruments plus ou moins parfaits servent à mesurer la marche du temps, c'était d'abord l'*hy-droscope* ou horloge d'eau, qu'on appelait le *clepsydre* ; le *sablier*, horloge de verre à deux compartiments, où du sable en tombant mesurait un certain espace de temps. Plus tard, on inventa le *cadran solaire*, composé d'un cercle qui porte en chiffres les heures du jour, et au centre duquel est une petite tige de fer, dont l'ombre se projette sur telle ou telle heure, selon la place du soleil. Enfin la *montre*, la *pendule*, l'*horloge*, instruments qu'un mécanisme admirable rend d'une grande précision.

Séculaire veut dire qui se fait de cent ans en cent ans.

Annuel, qui dure une année ou qui revient tous les ans.

Semestriel, qui se fait chaque semestre. Un *semestre* est un espace de six mois.

Mensuel, qui se fait chaque mois.

Hebdomadaire, qui se renouvelle chaque semaine.

Journalier, *quotidien*, veut dire chaque jour.

Périodique veut dire qui revient à des temps marqués.

PHYSIQUE

L'AIR. — L'EAU. — LA VAPEUR.

Deux corps sont indispensables à la conservation des êtres organisés : l'*air* et l'*eau*.

L'AIR est répandu autour de nous ; il enveloppe la terre d'une couche qu'on nomme *atmosphère*, qui a plus de *seize* lieues d'épaisseur. est formé de l'union de deux éléments invisibles mais pesants, qu'on nomme *gaz* : le gaz *oxygène* et le gaz *azote*.

Les animaux le *respirent* ; il est indispensable aux plantes ; sans lui, les corps ne pourraient entrer en *combustion*, c'est-à-dire qu'ils ne pourraient brûler ; c'est par lui encore que le son se propage. Ainsi, sans l'air, il n'y aurait ni feu, ni bruit.

Quand nous respirons, nos poumons se gonflent pour prendre l'air extérieur qui doit rafraîchir notre sang ; puis, ils se resserrent afin de le chasser, car il s'est vite altéré dans nos organes. L'air *expiré* ou rejeté est mauvais pour la vie ; c'est pour cela que plusieurs personnes ne peuvent rester longtemps enfermées dans un même endroit ; elles seraient, comme on dit, *asphyxiées*.

Il s'échappe souvent des corps étrangers des *émanations* mauvaises qu'on nomme *miasmes*, qui se répandent dans l'atmosphère et la rendent malsaine.

L'air est ordinairement *vicié* et corrompu dans les grandes villes, près des fabriques, près des marais.

L'air est *pur* sur les montagnes, près de la mer, à la campagne, et en général loin du séjour des hommes, dans le voisinage des lieux où croissent un grand nombre de plantes.

L'EAU est un corps humide, et transparent, sans odeur et sans couleur. Quand on cherche quels sont les éléments qui la composent, on voit avec surprise qu'elle est formée principalement de la combinaison de *deux gaz :* le gaz *hydrogène* et le gaz *oxygène*.

On la voit répandue à la surface de la terre, en cours d'eau ou en *nappes* plus ou moins considérables. Ici, c'est une *source* qui sort de la montagne et s'écoule en *ruisseau* tranquille ; là, c'est un *fleuve* impétueux, un *torrent* qui roule ses eaux à travers les rochers en formant des *chutes,* des *cascades,* des *cataractes ;* ou bien, c'est un *lac* immobile ; elle tombe encore de l'air sous forme de *pluie.* Du reste, sous ces différents aspects, elle conserve toujours la même nature ; elle est *douce,* et, comme on dit, *potable,* c'est-à-dire bonne à boire. L'eau de *mer,* au contraire, n'est pas buvable, à cause de son goût salé et âpre.

Quand on creuse la terre, on trouve généralement de l'eau : c'est ainsi qu'on alimente les *puits* ordinaires, et les *puits artésiens* qui vont la chercher à de grandes profondeurs, comme les puits artésiens de Grenelle et de Passy, qui ont été *forés* (c'est-à-dire percés avec un foret) ; le premier par l'ingénieur M. Mulot, le second par M. Kind, savant ingénieur saxon. L'eau des puits n'est pas partout potable ; dans beaucoup d'endroits, elle contient de la chaux. On s'aperçoit de la présence de ce corps, quand le savon ne peut pas se *dissoudre* ou fondre dans l'eau, quand il *tourne,* comme on dit vulgairement.

La chaux n'est pas le seul minéral qui soit mêlé aux eaux ; selon le terrain, elles contiennent soit

6.

du soufre, soit du fer : on les nomme généralement *eaux minérales*. L'eau se présente à nous
sous trois formes ou trois états distincts :

L'état *liquide*.

L'état *solide*, quand elle est *glacée;* le froid a
resserré les molécules d'eau.

L'état *gazeux*, quand elle est *vapeur;* la chaleur a dégagé de l'eau des molécules.

La *glace*, vous l'avez vue l'hiver, dans nos ruis-
seaux, dans nos bassins, vous avez remarqué
au-dessus d'un vase plein d'eau mis sur le feu, ou
au-dessus des vos assiettes qui contiennent le
potage bouillant, une espèce de brouillard qui
s'élève et disparaît bientôt dans l'air, ce brouillard, c'est la *vapeur,* c'est de l'eau. Voulez-vous
vous en convaincre? Refroidissez cette vapeur,
recevez-la sur votre main ou sur un objet quelconque. Qu'est-il arrivé? La vapeur s'est *conden-
sée,* c'est-à-dire qu'elle est redevenue de l'eau en
se refroidissant.

La chaleur n'est pourtant pas indispensable à
la formation de la vapeur; il s'élève sans cesse
des eaux répandues à la surface de la terre, des
vapours qui disparaissent dans l'atmosphère et
la rendent plus ou moins *humide*.

LA LUMIÈRE. — LA CHALEUR. — L'ÉLEC-
TRICITÉ.—LE FLUIDE MAGNÉTIQUE.

La nature produit tous les jours autour de
nous des *phénomènes* qui étonnent notre esprit

et que la science a cherché à comprendre et à expliquer.

Comment pouvons-nous apercevoir les objets? Qu'est-ce que la chaleur et le froid? Quelle est la cause de la pluie et du tonnerre? Toutes ces questions et bien d'autres trouvent leur réponse dans la *physique,* la science qui explique les phénomènes de la nature. La plupart de ces phénomènes ont rapport à la lumière, à la chaleur, à l'électricité qu'on nomme *fluides* invisibles, parce qu'ils se répandent, qu'ils *coulent* pour ainsi dire dans les corps. Commençons donc par dire quelques mots sur chacun de ces fluides :

La lumière. La lumière nous vient du soleil et des étoiles. Nous nous procurons une lumière artificielle par la combustion de l'huile, du suif, de la cire, du gaz. Elle se produit encore par d'autres causes : un corps solide jaunâtre et transparent est lumineux dans l'obscurité, on l'appelle *phosphore* (c'est-à-dire *qui porte la lumière*). Le corps des animaux contient du phosphore; aussi arrive-t-il souvent que dans les lieux qui renferment des substances animales, comme les cimetières, ou près des endroits marécageux, il se dégage de la terre, sous forme de gaz, des émanations phosphoriques qui s'enflamment dans l'air; c'est l'origine des *feux follets* qui n'effraient que les gens ignorants et superstitieux. Cette *phosphorescence* se remarque encore dans le bois pourri, chez les poissons qui commencent se gâter, sur les eaux de la mer. La mer doit sa phosphorescence à la présence d'une quantité prodigieuse de petits animaux semblables aux vers-luisants.

On remarque souvent dans les contrées situées près des pôles des arcs lumineux, qui apparaissent au ciel. Pendant quelques heures, ils jettent des rayons éclatants qui, se réfléchissant sur les neiges et les glaces, illuminent l'horizon, et forment des tableaux que les voyageurs nous décrivent avec admiration. C'est ce qu'on nomme *aurores boréales ;* on peut dire qu'elles sont le soleil des régions polaires.

La lumière nous paraît blanche, mais elle est réellement composée de sept couleurs (1). Souvent quand l'atmosphère est humide, les rayons du soleil se décomposent en passant à travers les gouttelettes d'eau et viennent former sur les nuages l'*arc-en-ciel,* où brillent les sept couleurs. Quand la lumière tombe sur un corps poli, comme sur un miroir, un métal, sur la surface d'une eau tranquille, elle est *réfléchie,* c'est-à-dire qu'elle est renvoyée ; c'est pour cela qu'en nous mettant devant une glace, nous voyons notre image ; elle est renvoyée.

LA CHALEUR. La chaleur nous vient principalement du soleil ; mais au centre de la terre se trouve aussi un foyer ardent, qu'on nomme *feu central ;* en effet, plus on creuse, plus on sent que la température augmente ; ces deux sources natu-

(1) Voir les détails sur les couleurs, p. 124.

relles de chaleur aident au développement de la végétation.

L'homme a su se procurer artificiellement la chaleur, qui est nécessaire à sa vie ; il obtient le *feu;* soit en frappant le caillou avec l'acier dont les parcelles enflammées viennent tomber sur l'amadou ; soit en préparant avec le phosphore, qui s'allume au contact de l'air, des briquets et des allumettes ; ou bien, comme font les sauvages, par le frottement rapide de deux morceaux de bois sec l'un contre l'autre.

La chaleur, en pénétrant les corps, les *dilate,* c'est-à-dire qu'elle éloigne leurs molécules ; au contraire le *froid,* qui est l'absence de la chaleur, les *contracte* ou les resserre. Quand les corps entrent en *fusion* ou fondent, c'est que la chaleur a pu séparer les molécules, de manière à les réduire à l'état liquide ; c'est ainsi que se transforment les métaux, plus ou moins facilement. Certains corps, au contraire, ne peuvent pas se fondre, on dit qu'ils sont *infusibles ;* ainsi le charbon, le diamant, le bois, les feuilles, les fleurs, les fruits.

Le foyer brûlant du centre de la terre est la cause d'agitations intérieures, qui se font ressentir jusqu'à la surface du globe. Quelquefois le sol s'ébranle et s'entr'ouvre sous les pas des hommes, les rivières sortent de leurs lits ; la mer s'agite et envahit les terres ; les maisons, remuées jusque dans leurs fondations, s'écroulent avec fracas, et l'on a vu des villes entières détruites de fond en

comble par ces terribles ébranlements; ce phéno-
mène est appelé *tremblement de terre;* les effets
n'en sont pas toujours aussi funestes; le plus
ordinairement il ne produit que des secousses
de quelques instants. C'est en Amérique que
les tremblements de terre se font surtout éprouver.

Souvent quand les révolutions sont *sous-ma-
rines,* on a vu le lit de l'océan s'élever et des îles
subitement formées au-dessus des eaux. Tous
ces bouleversements de la nature seraient encore
plus fréquents et plus désastreux, si le feu central ne trouvait un passage naturel par les *volcans.*

Un volcan est une montagne dont le sommet
est percé d'un trou, qu'on nomme *cratère,* qui
vomit des flammes, des tourbillons de fumée, de
cendres et de poussière, en lançant à de grandes
distances des pierres et des rochers énormes. En
même temps, les métaux fondus forment une matière en feu, qui roule sur les flancs de la montagne, c'est ce qu'on nomme la *lave.* Elle se répand quelquefois à de grandes distances, en dé-
vastant tout sur son passage.

Voilà ce qu'on appelle l'*éruption* d'un volcan;
vous comprenez tout ce que ce spectacle doit
avoir d'imposant et de terrible. Quand on vous a
nommé les principaux volcans du monde, dans vos
leçons de géographie, on ne vous a cité que ceux
qui sont en *activité,* c'est-à-dire qui font encore
éruption, sans vous parler de ceux qui sont

éteints. Vous vous rappelez certainement le *Vé-suve;* eh bien ! la première éruption connue de ce volcan, qui eut lieu 79 ans après J.-C., fut signalée par un affreux désastre : quatre villes, dont les plus remarquables étaient *Herculanum* et *Pompeï,* construites au pied de la montagne, furent englouties complétement sous la lave, et ce n'est que plusieurs siècles après qu'elles furent retrouvées.

L'ÉLECTRICITÉ. L'*électricité* est un fluide qui se trouve répandu dans l'air et à la surface de la plupart des corps; il manifeste sa présence soit en attirant d'abord à lui, puis en repoussant, les corps légers, soit par des étincelles accompagnées ordinairement de bruit. Deux expériences faciles vous feront comprendre. Prenez un bâton de cire à cacheter, ou un tube de verre, que vous frotterez avec de la laine, puis approchez-le soit de quelques barbes de plume, soit de légers morceaux de papiers; vous verrez aussitôt ces petits corps attirés vivement par la cire ou le verre, y rester attachés quelque temps, puis en être repoussés. Ou bien encore : frottez le dos d'un chat, dans l'obscurité, vous verrez des étincelles s'échapper de cette partie de son corps. Dans ces deux cas, c'est le fluide électrique qui agit.

LE FLUIDE MAGNÉTIQUE. On trouve dans la nature un minéral, composé en grande partie de fer, qui a la propriété d'attirer principalement le fer et plusieurs métaux, tels que le nickel et le cobalt; on le nomme *pierre d'aimant* ou *aimant naturel*. La cause de cette attraction est la présence, dans ce corps, du *fluide magnétique*. On raconte que le berger *Magnès*, étant un jour à la recherche d'une de ses brebis, sur le mont Ida, sentit que sa chaussure ferrée et son bâton ferré s'attachaient fortement à un bloc de pierre noire, sur lequel il marchait; cette pierre était de l'aimant, et le *fluide* magnétique était découvert.

On a remarqué que l'*acier,* mis en contact par le frottement avec un aimant naturel, prend les propriétés de ce dernier, et devient un *aimant artificiel.*Ce sont ces aimants artificiels, auxquels on donne ordinairement la forme d'un fer à cheval, dont se servent les enfants pour faire voyager de petits bateaux ou attirer des aiguilles et de la limaille de fer.

PHÉNOMÈNES ATMOSPHÉRIQUES.

NUAGES. — BROUILLARD. — SEREIN. — BRUINE. — GIVRE. — ROSÉE. — PLUIE. — NEIGE. — GRÊLE. — VENT. — TROMBE. — TONNERRE.

La tranquillité de l'atmosphère est souvent troublée par des accidents extraordinaires, qu'on nomme les phénomènes atmosphériques. Les détails que nous avons donnés sur la vapeur, l'air, l'électricité, serviront à faire comprendre ces phénomènes.

NUAGES. Dans les hauteurs de l'air sont sus-

pendues des vapeurs que le froid a transformées
en brouillards et qui forment, au-dessus de nos
têtes, comme une voûte colorée; ce sont les
nuages. Ils prennent mille formes, selon les ca-
prices du vent et se nuancent diversement suivant la manière dont ils reçoivent la lumière.

BROUILLARD. Le brouillard n'est autre chose
qu'un nuage qui s'est formé près de la terre.

SEREIN. Le serein est une vapeur froide et malsaine qui se fait sentir au coucher du soleil

BRUINE. Quelquefois l'atmosphère est chargée
de vapeurs qui se transforment en une pluie fine
qu'on nomme *bruine*.

GIVRE. Si le froid est vif, la bruine se congèle
et tombe sur la terre sous la forme d'une petite
poussière glacée, qu'on nomme *givre*.

ROSÉE. En été les corps, échauffés pendant le
jour, se refroidissent pendant la nuit; alors la
vapeur, dont l'air est rempli, touche les parties
froides des plantes, se condense et se dépose en
gouttelettes d'eau qu'on nomme *rosée*.

PLUIE. Quand les nuages passent dans des cou-
ches d'air froid, ils se condensent en eau, qui
tombe sous forme de gouttes plus ou moins
larges, suivant la hauteur de leur chute; c'est la
pluie.

NEIGE. La *neige* est la pluie qui s'est conge-
lée.

GRÊLE. La grêle est une pluie de glaçons formés par le froid et par l'électricité.

VENT. Le vent n'est que l'air mis en mouvement. Sa force dépend des lieux et des saisons. La *brise*, le *zéphir* sont des vents doux et frais. L'*ouragan* est rapide et violent ; il soulève les eaux de la mer et cause souvent de grands orages ; les ouragans sont fréquents dans les Antilles. Le *simoun* est un vent brûlant, qui vient de l'intérieur de l'Afrique ; il chasse devant lui le sable des déserts. Les vents enflent les voiles des navires pour les diriger dans leurs courses, mais malheureusement ils changent souvent de direction, ce qui fait dire qu'ils sont *inconstants*. Cependant vers l'équateur se trouvent les *vents alizés*, qui soufflent toujours de l'est à l'ouest, et les *moussons*, qui vont six mois dans une direction, et six mois dans la direction opposée.

TROMBE. Une *trombe* est une colonne d'air ou de vapeur qui descend des nuages, en tourbillonnant avec une grande vitesse.

On distingue les *trombes de mer* et les *trombes de terre*. Quand les premières atteignent la surface de l'eau, elles causent un bouillonnement extraordinaire ; la mer s'élève, s'agite et menace d'engloutir les vaisseaux qui naviguent dans ces parages. Les trombes de terre ont aussi une grande violence ; elles déracinent les plus gros arbres, renversent les habitations, et portent partout le désordre et la désolation.

TONNERRE. Nous avons dit que l'électricité était répandue partout ; souvent les nuages en sont chargés, et, lorsqu'ils se rencontrent dans les hauteurs de l'atmosphère, ils échangent entre eux le fluide électrique qui, en passant de l'un à l'autre, produit une vive étincelle qu'on nomme *éclair*, suivi ordinairement d'un bruit prolongé, qu'on nomme *tonnerre* ou *foudre*.

Quand l'électricité, au lieu de passer d'un nuage à l'autre, communique avec le sol ou avec les objets qui sont à sa surface, on dit que le *tonnerre tombe*.

La chute du tonnerre peut produire des accidents déplorables. On a vu des maisons incendiées par la foudre, et leurs habitants renversés brusquement, rester longtemps sans pouvoir ni parler ni remuer, ou même être frappés de mort. Ce sont surtout les lieux élevés et les objets terminés en pointe qui sont menacés de la foudre; aussi tombe-t-elle fréquemment sur les montagnes et jamais dans les vallées profondes. Il est donc imprudent, pendant un orage, de chercher un abri sous les arbres ou dans un clocher.

On peut cependant se préserver de la foudre au moyen des *paratonnerres*, dont l'invention est due à *Franklin*, savant du XVIIIᵉ siècle, né à *Boston* (dans les États-Unis). Le premier paratonnerre fut élevé à Philadelphie, en 1760, par Franklin. Le paratonnerre est une longue barre de fer terminée en pointe, que l'on dresse sur les toits des bâtiments, et qui communique au sol par une chaîne du même métal. Quand les nuages orageux passent dans le voisinage du paratonnerre, celui-ci a la propriété de les décharger du fluide électrique qu'ils contiennent. Le paratonnerre est en fer, parce que *le fluide électrique suit de préférence les métaux.*

PRINCIPAUX INSTRUMENTS DE PHYSIQUE

BAROMÈTRE. — THERMOMÈTRE. — BOUSSOLE. — MACHINE ÉLECTRIQUE. — PILES. — INSTRUMENTS D'OPTIQUE.

BAROMÈTRE. Nous avons dit que l'air était pesant : le baromètre est un instrument qui sert à mesurer cette pesanteur. Il se compose d'un tube ouvert d'un côté, fermé de l'autre, d'environ un mètre de hauteur; on le remplit de mercure, puis on le plonge dans une petite cuvette qui contient aussi le même métal; alors le mercure descend un peu dans le tube et ne forme plus, au-dessus du niveau de la cuvette, qu'une petite colonne d'une hauteur d'environ 76 centimètres (28 pouces); au-dessus d'elle, jusqu'à l'extrémité fermée du tube, l'espace est vide. Plus l'air pèsera sur la surface du mercure de la cuvette, plus la colonne montera; au contraire, quand cette pression sera peu considérable, il y aura abaissement de la colonne. On place à côté du tube des *degrés* formant une échelle, qui permet d'apprécier les mouvements de la colonne de mercure.

Le baromètre est employé aussi à mesurer les hauteurs, car on a remarqué que, plus on s'élevait, plus le baromètre descendait. Il sert aussi à indiquer les variations du temps; quand il baisse, c'est un signe de pluie; quand il monte, c'est un signe de beau temps, car l'air humide est plus léger que l'air sec. Pour qu'on puisse s'apercevoir plus facilement de ces variations, on a inventé le *baromètre à cadran;* dans cet instrument, les mouvements du mercure font tourner une aiguille qui parcourt un cadran sur lequel on a marqué : *beau, mauvais, variable, pluie,* etc., etc.

Les principes, sur lesquels repose la construction du baromètre, ont été reconnus et prouvés par les travaux de *Torricelli,* mathématicien romain, élève de Galilée (xviie siècle), et par ceux de *Pascal,* grand écrivain et savant du xviie siècle. Ce dernier fit des expériences remarquables, sur la pesanteur de l'air, sur la montagne du Puy-de-Dôme, en Auvergne, et à Paris, au sommet de la tour Saint-Jacques-la-Boucherie, qui est maintenant rue de Rivoli.

THERMOMÈTRE. Les impressions que la chaleur produit sur nos organes nous apprennent qu'elle a des degrés différents aux diverses *températures. Le thermomètre* est l'instrument qui sert à mesurer les températures des corps. Il se compose d'un tube très-mince, terminé, à sa partie inférieure, par une petite boule qu'on nomme *réservoir;* le tube et le réservoir contiennent du mercure ou de l'esprit de vin ordinairement coloré en rouge. Nous savons que les corps se *dilatent* ou se *contractent* suivant qu'ils reçoivent les impressions de chaleur ou de froid. Ainsi, plus la chaleur sera grande, plus le mercure montera dans le tube; plus la chaleur diminuera, plus le mercure descendra. Pour bien observer ce mouvement de va-et-vient, on a indiqué *deux points fixes*. C'est *Renaldini*, professeur à Padoue, qui démontra le premier la nécessité de prendre des *points fixes* pour l'échelle du thermomètre. Pour déterminer le premier de ces points, on met le thermomètre dans la glace fondante, la colonne liquide descend aussitôt, et, quand elle est arrêtée, on marque sur le tube 0 (zéro); c'est la température de la glace fondante. On porte ensuite le thermomètre dans l'eau bouillante. Le mercure monte jusqu'à un autre point, et l'on marque 100. C'est la température de l'eau bouillante. On divise l'espace compris entre ces deux points en 100 *degrés;* ce thermomètre s'appelle *centigrade.*

Un bon thermomètre doit marquer exactement les variations de température de l'atmosphère. En été il se tient beaucoup plus haut qu'en hiver. On remarque que, dans les caves, il varie très-peu, parce que la température est toujours à peu près la même, ce qui fait qu'elles paraissent froides en été et chaudes en hiver, en comparaison de la température du dehors.

L'inventeur du thermomètre est *Cornelius Drebbel,* savant Hollandais, mort en 1621; *Newton,* grand physicien anglais du dix-septième et dix-huitième siècle, apporta d'heureuses modifications à la construction de cet instrument.

BOUSSOLE. Le mot boussole veut dire *boîte;* cet instrument se compose, en effet, d'une boîte, dont le fond est un cadran où sont indiqués les points cardinaux ; au milieu du cadran se trouve un petit pivot, sur lequel tourne une *aiguille aimantée,* qui a la propriété de se diriger toujours à peu près vers le nord. Elle est d'une grande utilité aux marins qui, sans son secours, se perdraient au milieu de l'Océan. Aussi, depuis son invention, c'est-à-dire depuis le quatorzième siècle, la navigation et le commerce ont-ils fait de grands progrès.

MACHINE ÉLECTRIQUE. Cette machine est principalement composée de plusieurs cylindres de cuivre, soutenus par des pieds de verre, et d'une roue de verre, qui tourne en frottant sur des petits coussins de crin, recouverts d'une peau douce. Elle sert à accumuler, par le frottement de la roue de verre, une grande quantité d'électricité sur la surface du cuivre.

La première idée de la machine électrique appartient à *Otto de Guericke,* de Magdebourg, en 1650. Elle fut modifiée, vers 1768, par *Ramsden,* telle qu'elle est aujourd'hui.

PILES ÉLECTRIQUES. Ces instruments servent à produire des *courants* de fluide électrique.

Ils reposent sur ce fait, prouvé par *Volta,* physicien italien, que le contact de deux métaux dégage de l'électricité. Déjà *Galvani,* professeur à Bologne, avait révélé, en 1791, l'électricité sous forme de courant ; c'est ce qu'on nomme l'électricité *dynamique,* ou électricité en mouvement.

INSTRUMENTS D'OPTIQUE. Nous avons dit ce que c'était que le verre, et comment on le faisait ;

sa fabrication a fait, de nos jours, de grands progrès ; on l'obtient très-épais et pourtant d'une belle transparence. C'est avec le verre que l'on construit les instruments qui viennent au secours de la faiblesse des organes de la vue ; on les nomme *instruments d'optique*, c'est-à-dire qui servent à la vue. Ils sont composés de morceaux de verre taillés, qu'on nomme *lentilles*, disposés de manière, soit à grossir les objets, soit à les rapprocher, soit à les rendre plus distincts. Nous nommerons : les *besicles*, dont se servent les myopes et les presbytes ; les *loupes*, les *microscopes*, qui donnent une image extrêmement grossie des objets souvent imperceptibles pour nos yeux ; les *lunettes d'approche*, les *longuevues*, les *télescopes*, qui nous permettent d'étudier les astres.

C'est aussi en combinant les verres, qu'on projette la lumière des *phares* à plusieurs lieues en mer, pour signaler aux vaisseaux les côtes dont ils approchent.

MOYENS DE COMMUNICATION

VOYAGES MARITIMES. — CHEMINS DE FER. — BALLONS. — TÉLÉGRAPHES.

L'homme n'est pas né pour la solitude. Il est naturellement porté vers ses semblables ; partout et toujours on voit les hommes se rechercher, s'unir et, confondant leurs vies, former ce qu'on nomme des *sociétés*.

Tous les bienfaits de la civilisation ont leur source dans cette association des forces physiques et morales, et c'est un beau spectacle que celui qu'offrent tous les peuples éclairés, quand, franchissant les obstacles qui les séparent, ils viennent des extrémités de la terre pour apprendre à se connaître et à s'aimer. Aussi, voyez-vous tous les jours se multiplier ou se perfectionner les *moyens de communication*. Ce n'était pas assez, qu'à travers les routes partout frayées, le voyageur fût emporté par la course rapide des chevaux, que ses vaisseaux, poussés par le vent, sillonnassent l'océan, ou que l'établissement de la *poste aux lettres* et l'invention des *télégraphes* permissent à la pensée écrite de réunir ceux que la distance séparait; il a fallu encore, à l'ardeur de l'homme, les *chemins de fer*, les *bateaux à vapeur* et le *télégraphe électrique*.

Voyages maritimes. Depuis le temps les plus éloignés, les habitants des îles et des côtes, pressés par la nécessité de communiquer avec d'autres lieux, ont donné les premières notions de l'*art de la navigation*.

Il y a eu certainement de longues hésitations avant qu'on osât s'élancer sur cette surface mouvante. La crainte était bien naturelle : ces *vagues* qui s'élèvent comme des montagnes, et même en temps de calme ce soulèvement et cet abaissement de la mer, qu'on appelle le *flux* et le *reflux*, effraient et étonnent encore. Vous avez entendu parler de ces mouvements. Tantôt la mer s'enfle,

7.

s'élève, c'est ce qu'on nomme la *marée haute,
marée montante* ou *flux;* ce mouvement dure
six heures, puis, après un repos d'un quart-
d'heure, les eaux se retirent, s'abaissent, c'est
ce qu'on appelle la *marée descendante, marée
basse* ou *reflux;* un quart-d'heure se passe, le
flux recommence et ainsi perpétuellement.

On commença enfin par suivre timidement les
côtes, puis on s'éloigna peu à peu; mais les
grands voyages ne datent du xv° siècle, après
l'invention de la boussole. Aujourd'hui on fait
avec rapidité les plus longues traversées, grâce
aux *bateaux à vapeur*.

Nous savons ce que c'est que la vapeur, mais
ce que nous n'avons pas dit, c'est que cette vapeur tend toujours à occuper un espace plus
grand, et si l'on vient à la comprimer, elle ac-
quiert une force considérable qui brise tous les
obstacles; c'est ce qu'on nomme la force *expansive* de la vapeur.

Un savant français, *Papin*, né à Blois en 1645,
mort en 1714, fit de belles expériences sur cette
force expansive, et bientôt on songea à l'employer à mouvoir des machines qu'on appela
machines à vapeur, dues au génie de deux artisans anglais de la ville de Dermouth, *Newcomen*
et *Cowley*.

Une *machine à vapeur* se compose d'abord
d'une chaudière pour produire la vapeur et de la
machine pour recueillir la force expansive de la
vapeur et donner le mouvement. Ces machines

reçurent des perfectionnements importants par le célèbre *James Watt,* de la ville de Greenock, en Écosse, qui mérite la reconnaissance du monde entier (XVIIIᵉ et XIXᵉ siècle). Depuis, la construction des machines à vapeur fit encore des progrès, qui permirent d'appliquer ces machines à la navigation, aux voyages sur terre, aux travaux de l'agriculture.

La navigation à la vapeur est d'une grande importance.

Dans un bateau à vapeur, la machine est placée au centre du bâtiment; elle fait marcher des roues placées sur les flancs du bateau qui, frappant l'eau avec rapidité, donnent le mouvement, quelque défavorables que soient les vents.

Papin est le premier qui appliqua la force de la vapeur à la navigation. En 1707, il construisit un bateau qui navigua sur la Fulda (Allemagne). Le marquis de *Jouffroy* fit aussi un essai de ce genre sur la Saône. Mais c'est vraiment à *Robert Fulton,* ingénieur américain, qu'appartient la gloire d'avoir créé la navigation par la vapeur. En 1807, le *Clermont,* bateau à vapeur qu'il avait construit, fut lancé sur la rivière de l'Est, à New-York, et dès-lors la navigation à vapeur prit une grande extension. L'Europe suivit l'exemple de l'Amérique, et le constructeur écossais *Henri Bell,* établissait, en 1812, le premier bateau à vapeur qui ait fait un service régulier en Europe; il se nommait *la Comète.*

CHEMINS DE FER. — On devait être nécessairement amené à se servir des machines à vapeur pour entraîner les voitures et faciliter les voyages sur terre. C'est en Angleterre que l'on établit pour la première fois des *chemins de fer*. On a nommé ainsi les routes où sont posées les *rails*, c'est-à-dire des bandes de fer sur lesquelles s'emboîtent exactement les roues des véhicules que doit entraîner la vapeur. Quelques-uns de ces chemins, en raison de la nature du terrain, ont coûté beaucoup de peine à construire; il a fallu jeter des *ponts* sur les cours d'eau, franchir des vallées au moyen de *viaducs*, ou percer à travers les collines, des passages souterrains en forme de galeries voûtées qu'on nomme *tunnels*. Le chemin achevé, on élève à toutes les *stations*, c'est-à-dire aux endroits où l'on doit s'arrêter pour prendre et laisser des voyageurs, des bâtiments commodes et spacieux qui servent à abriter le matériel et les marchandises; ce sont les *gares*. Tous ces travaux, une fois achevés, il faut se livrer à une active surveillance pour conserver la voie en bon état, et prévenir les accidents; les hommes qui sont chargés de ce soin sont les *cantonniers*. Maintenant on peut livrer le chemin à la circulation. Voici comment on s'organise pour le voyage :

Les *wagons* sont les voitures où se placent les voyageurs. Les marchandises sont chargées sur des chariots particuliers. Les wagons et les chariots sont attachés les uns à la suite des autres et doivent marcher ensemble, c'est ce qu'on appelle le *convoi* ou le *train*. Enfin, en tête du convoi est la *locomotive*, machine à vapeur roulante, voiture à vapeur qui entraîne le convoi; derrière elle est attaché le *tender*, il porte la provision d'eau et de charbon.

Un ingénieur français, *Joseph Cugnot*, en 1770 et l'américain *Olivier Evans*, en 1790, construisirent des chariots à vapeur. Mais les premiers résultats heureux de la locomotive à vapeur, sont dus aux anglais *Trévilhick* et *Vivian*, qui firent rouler leur locomotive sur des rails en fer. Depuis, de grands progrès furent réalisés. Ils sont dus en partie à *George* et à *Robert Stéphenson*, qui modifièrent heureusement la construction des locomotives employées sur le chemin de fer de Manchester à Liverpool.

On appelle *locomobile* une machine à vapeur qu'on peut transporter d'un point à un autre. On l'a appliquée jusqu'ici surtout aux travaux de l'agriculture, c'est pour cela qu'on l'appelle encore *machine à vapeur agricole*. Elle a été créée par les Américains.

Ballons. — Vous avez entendu dire qu'au moyen des ballons, on pouvait s'élever dans les airs; on a souvent essayé de donner une direction à leur course rapide, mais les essais furent sans résultats à cet égard. Cependant ils ont été utiles à la science; on a pu faire des remarques curieuses sur l'état des hautes régions de l'atmosphère. Un ballon ou *aérostat* est composé d'une toile gommée, faite de manière à pouvoir renfermer le gaz qu'on y introduit. Ce gaz se nomme *hydrogène*. Il est quatorze fois et demie plus léger que l'air. Sitôt que le ballon en est gonflé, il s'élève rapidement dans l'air ; c'est par la même force que le liége, mis au fond de l'eau, remonte à sa surface, parce qu'il est plus léger que l'eau.

Les ballons sont recouverts d'un filet ; c'est à son extrémité inférieure qu'on attache la *nacelle* destinée à recevoir le voyageur qu'on appelle *aéronaute*. Quand on veut revenir sur la terre, on ouvre une *soupape* ou petite porte ménagée dans le ballon, l'air y pénètre aussitôt, et par son poids le force à descendre ; mais afin de modérer ce mouvement, on adapte à l'aérostat une machine de la forme d'un grand parapluie, qui permet à l'aéronaute d'approcher de la terre sans danger : c'est le parachute.

Les ballons atteignent de grandes hauteurs. M. Gay-Lussac, physicien célèbre de notre temps, s'est élevé à une lieue et demie. Le premier ballon a été fait par les frères *Montgolfier* (en 1783), fabricants de papier dans la petite ville d'Annonay. Ils emplirent leurs ballons d'air chaud. Le premier qui se servit de gaz hydrogène fut *Charles*, professeur de physique. Mais ces ballons ne pouvaient recevoir des hommes.

Pilâtre des Rosiers, jeune physicien, et le marquis *d'Arlandes*, osèrent les premiers s'élever dans les airs (1783).

TÉLÉGRAPHES. — Les télégraphes sont des machines qui servent à transmettre au loin les nouvelles; placés sur des lieux élevés, ils exécutent des signaux convenus qui sont répétés de distance en distance par des machines semblables; l'on peut ainsi communiquer à de grandes distances. Les télégraphes furent inventés en 1796 par l'abbé Claude *Chappe*.

TÉLÉGRAPHES ÉLECTRIQUES. — L'application de l'électricité à la télégraphie sera certainement la plus belle invention du dix-neuvième siècle, car on est arrivé, par ce moyen, à transmettre la pensée à d'énormes distances, aussi vite que la parole l'exprime. On se sert, pour arriver à cet étonnant résultat, des courants électriques; ils suivent les fils de fer posés le long des chemins de fer, et correspondent à des appareils particuliers, placés au point de départ et au point d'arrivée.

Le premier télégraphe électrique fut construit en 1774 par *Georges-Louis Lesage*. On a inventé un télégraphe électrique qui trace sur le papier, en caractères d'imprimerie, la dépêche envoyée. A l'aide de fils conducteurs déposés au fond des mers, on peut continuer au delà des terres les communications télégraphiques. C'est ainsi qu'on a établi un télégraphe électrique sous-marin, qui met en communication Calais et Douvres, et par conséquent Paris et Londres.

En 1869, on a même relié par un câble sous-marin, l'Europe et l'Amérique.

POSTE AUX LETTRES. — L'établissement de la

Poste aux lettres remonte au règne de Louis XI,
roi de France du quinzième siècle.

LES COULEURS

La lumière, comme nous l'avons dit, est com·
posée de sept couleurs, qui sont:

Le *rouge*, l'*orangé*, le *jaune*, le *vert*, le *bleu*,
l'*indigo*, le *violet*. Mais, parmi ces couleurs principales, il n'y en a que trois qui ne soient pas
le résultat d'un mélange; on les nomme *simples*
ou *primitives*. Ce sont: le *rouge*, le *jaune* et le
bleu.

Quant aux quatre autres couleurs, elles sont
produites par la combinaison des couleurs premières; on les nomme *secondaires*. En effet:

Le *vert* est formé par le mélange du jaune et
du bleu.

L'*orangé*, par le mélange du rouge et du
jaune.

Le *violet*, par le mélange du bleu et du rouge.

L'*indigo* n'est qu'un bleu très-foncé.

Le *blanc* est la réunion de toutes les couleurs.
Le *noir* est l'absence de toute couleur.

La même couleur passe par des degrés différents que l'œil saisit facilement; elle ira pro-
gressivement du *foncé* au *clair*, du *vif* au *tendre*;
en s'affaiblissant ainsi, elle donnera des *teintes*,
des *nuances* distinctes. La nature a répandu
dans ses tableaux une richesse et une variété de
couleurs que l'art est impuissant à reproduire.

Comment imiter les teintes vives et pures de la corolle des fleurs, les reflets éclatants du plumage de ces beaux oiseaux d'Amérique? Quel pinceau pourrait saisir les nuances changeantes que les nuages promènent au ciel, ou que reflètent les eaux de la mer?

Cependant, l'industrie extrait de certaines plantes ou de certains minéraux, des substances dont elle réussit à faire des couleurs que la peinture emploie avec succès. Nous nommerons :

Le *blanc de céruse*, ou *blanc de plomb*. — Le *blanc d'Espagne*. — Le *blanc de zinc*.
Le *carmin*, rouge éclatant.
Le *cinabre*, rouge un peu orangé.
Le *cobalt*, bleu d'azur.
L'*indigo*, bleu foncé.
Le *jaune de chrôme*, jaune brillant.
La *laque*, violet rouge.
Les *ocres*, jaunes.
La *terre de Sienne brûlée*, couleur acajou tirant un peu sur le jaune.
Le *vermillon*, rouge vif.

MYTHOLOGIE (1)

Vous avez vu dans votre *Histoire ancienne* que les hommes oublièrent bien vite Dieu et ses bienfaits, et que, dans leur folie, ils peuplèrent la nature des divinités de leur invention, auxquelles

(1) Voir, pour les détails sur la mythologie, notre ouvrage intitulé : *Petit Musée mythologique* (1re et 2e partie).

ils donnèrent nos sentiments, nos passions, et qu'ils firent intervenir d'une manière merveilleuse dans la vie des hommes. Cette histoire fabuleuse des dieux est ce qu'on nomme la *Mythologie*. Chaque peuple a une mythologie à part, qui a son caractère propre, que vous étudierez plus tard avec intérêt. Chez les Indiens, vous verrez le dieu *Brahma*, qui sortit d'un œuf d'or pour organiser le monde, et son frère *Siva*, qu'on représentait avec cinq têtes et quatre mains. Chez les Egyptiens, le bœuf *Apis*, leur dieu le plus révéré ; puis *Osiris*, le soleil, et *Isis*, la lune. Chez les Germains, vous trouverez le terrible *Teutatès*, auquel on sacrifiait des victimes humaines.

Mais vous lirez surtout avec un grand plaisir, les fables charmantes de la mythologie des Grecs et des Romains. En attendant que vous puissiez vous livrer à ces lectures, nous vous nommerons les dieux principaux de ces deux mythologies.

Jupiter,	Le roi des dieux et des hommes. Il était fils de *Saturne*, dieu du Temps. Il avait pour femme *Junon*.
Apollon,	Dieu du Jour et de la Poésie. Il conduisait le char du Soleil. Son fils *Phaéton*, ayant voulu diriger ce char à la place de son père, fut précipité du haut du ciel dans un fleuve d'Italie, nommé le Pô.
Diane,	Déesse de la Chasse. Elle était sœur d'Apollon.

Esculape,	Dieu de la médecine. Il était fils d'Apollon.
Minerve,	Déesse de la Sagesse.
Mercure,	Messager des dieux, dieu du Commerce et des Voleurs.
Mars,	Dieu de la Guerre.
Vénus,	Déesse de la Beauté. *Cupidon* était son fils.
Cybèle,	Déesse de la Terre.
Cérès,	Déesse de l'Agriculture. *Proserpine* était sa fille.
Plutus,	Dieu des richesses. Il était fils de Cérès; on le représentait aveugle.
Bacchus,	Dieu du Vin.
Vulcain,	Dieu du Feu. Il était fils de Jupiter et de Junon. Le plus laid des dieux : il était boiteux.
Flore,	Déesse des fleurs. Elle épousa *Zéphyr*, dieu du vent léger d'occident.
Pomone,	Déesse des fruits.
Vertumne,	Dieu des Vergers. Epoux de Pomone.
Priape,	Dieu des Jardins.
Pan,	Dieu des Bergers.
Neptune,	Dieu de la Mer. Sa femme était *Amphitrite*.
Eole,	Dieu des Vents.
Pluton,	Dieu des Enfers. Sa femme était *Proserpine*.
Hercule,	Dieu de la Force.
Harpocrate,	Dieu du Silence.

MONUMENTS

CONSTRUCTIONS ET ÉTABLISSEMENTS PUBLICS.

Le spectacle que présente une grande cité, est le plus intéressant qu'on puisse voir; c'est le plus digne de faire admirer et aimer l'humanité, car il nous montre les hommes pieux, actifs, laborieux, charitables, industrieux. Près de l'église où s'élève la prière, est l'atelier où s'accomplit le travail utile. Ici, le palais orné de toutes les merveilles des arts; là, l'hospice, asile de la souffrance et du malheur. Une visite aux établissements publics ne doit pas satisfaire seulement la curiosité, elle peut être encore le sujet d'une leçon de morale.

Un *temple* est un édifice public consacré à Dieu.

Une *église* est un temple chrétien.

Une *synagogue* est le temple où les Juifs se rassemblent pour l'exercice de leur religion.

Une *mosquée* est le temple des Mahométans.

Une *cathédrale*, est l'église principale d'un évêché.

Une *chapelle* est une petite église.

Les *rues* sont des chemins bordés de maisons ou de murailles.

Les *boulevards* sont des promenades plantés d'arbres qui entourent les villes, ou qui se trouvent dans leur intérieur même.

Les *passages* sont des galeries par lesquelles il ne passe que des piétons.

Une *place* est un lieu public découvert et environné de bâtiments.

Les *ponts* sont des ouvrages en pierre, en bois, en fer, élevés d'un bord à l'autre d'une rivière, d'un canal, pour les traverser. Les constructions qui s'élèvent de l'eau en forme de voûtes, pour soutenir le pont, sont des *arches*. Un *pont suspendu* est celui qui n'est pas soutenu au milieu par des arches. Un *pont-levis* est un petit pont qui s'élève ou s'abaisse sur un fossé, pour intercepter ou livrer passage ; la partie qui se lève et se baisse ainsi, se nomme *tablier* du pont.

Les *quais* sont des constructions faites sur les rives des grands cours d'eau pour empêcher les débordements.

Les *halles* sont de grandes places ordinairement couvertes, qui servent à tenir les marchés.

Les *abattoirs* sont les lieux où l'on tue les bestiaux qui doivent servir à la nourriture de l'homme.

Les *prisons* sont des bâtiments où l'on enferme les malfaiteurs.

Les *entrepôts* sont de vastes magasins où les négociants déposent des marchandises.

Les *barrières* sont les portes des grandes villes.

Les *fontaines* sont des édifices publics qui déversent l'eau nécessaire à la salubrité et à la propreté des villes.

Les *théâtres* sont des lieux où l'on représente des spectacles de différents genres.

Un *cimetière* est un lieu où l'on enterre les morts ; les *tombeaux* sont des monuments élevés à la mémoire de ceux qu'on a perdus. Un *mausolée* est un riche tombeau.

Les *hôpitaux* sont des maisons de charité, établies pour recevoir et traiter gratuitement les malades indigents.

Les *quinze-vingts*, hôpital situé à Paris, pour trois cents aveugles.

Les *instituts des Sourds-Muets et des Jeunes-Aveugles* consacrés à l'instruction de ces malheureux jeunes gens.

Les *crèches* sont des asiles pour les petits enfants.

Les *salles d'asile* sont des établissements publics

où l'on reçoit gratuitement, pour les instruire, les enfants pauvres, depuis l'âge de deux ans jusqu'à sept ans.

Les *écoles* sont des institutions et des bâtiments consacrés à l'enseignement public.

Les *colléges* et *lycées* sont destinés à la jeunesse pour l'enseignement des lettres, des sciences, des langues.

Les *bibliothèques publiques* contiennent un grand nombre de livres utiles à consulter.

Le *conservatoire des Arts et Métiers* est un établissement destiné à recevoir le modèle en grand ou réduit, ou seulement la description des machines, instruments et outils propres à l'agriculture et aux arts mécaniques.

Les *musées* sont des lieux ou l'on a réuni les choses nécessaires à l'étude des beaux-arts et des sciences. Ainsi les musées du Jardin-des-Plantes, le superbe musée de peinture et de sculpture au Louvre.

Les *arcs-de-triomphe* sont des constructions en forme de portes, érigées en mémoire de quelques événements glorieux ou d'un homme remarquable.

Les *statues* qui ornent les places ou les monuments, représentent ordinairement des personnages célèbres. Les statues *équestres* représentent des personnages à cheval.

Les *palais* sont des édifices somptueux.

Les *palais-de-justice* sont des édifices où les tribunaux rendent la justice.

Les *hôtels-de-ville* où l'on s'assemble pour s'entretenir sur les affaires des villes.

Les *hôtels de monnaies* sont des établissements publics où se fabriquent nos monnaies.

Les *fortifications* forment un ensemble de constructions disposées de manière à protéger la ville contre l'attaque des ennemis.

Un *mur d'enceinte* est celui qui entoure une ville fortifiée.

Un *fort*, une *forteresse*, une *citadelle* sont des lieux fortifiés et armés pour servir à la défense d'une ville.

Un *arsenal* est un dépôt d'armes et des choses nécessaires à la guerre.

Une *poudrière* est une fabrique de poudre.

CALCUL

Calculer, c'est opérer sur les nombres.

Il y a quatre opérations principales qu'on nomme les quatre règles :

L'*addition*, qui a pour but d'ajouter un nombre à un autre nombre ou à plusieurs autres. Le résultat se nomme *somme* ou *total*.

La *soustraction*, qui a pour but de retrancher un nombre d'un autre. Le résultat se nomme *différence*.

La *multiplication*, qui se propose de répéter un nombre plusieurs fois. Le résultat se nomme *produit*.

La *division*, qui a pour but de partager un nombre en plusieurs parties égales, ou de savoir combien de fois un nombre est contenu dans un autre. Le résultat de cette opération se nomme *quotient*.

COMPARAISON DE LA VALEUR DES CHIFFRES.

Arabes.	Romains.	Français	Arabes.	Romains.	Français.
1	I	j.	18	XVIII	xbiij.
2	II	ij.	19	XIX	xbiiij.
3	III	iij.	20	XX	xx.
4	IV	iiij.	30	XXX	xxx.
5	V	b.	40	XL	lx.
6	VI	bj.	50	L	l.
7	VII	bij.	60	LX	lx.
8	VIII	biij.	70	LXX	lxx.
9	IX	biiij.	80	LXXX	lxxx.
10	X	x.	90	XC	lxxxx
11	XI	xj.	100	C	jc.
12	XII	xij.	200	CC	ijc.
13	XIII	xiij.	300	CCC	iijc,
14	XIV	xiiij.	400	CD	iiijc.
15	XV	xb.	500	D ou C	Ibc.
16	XIV	xbj.	1000	M ou CIƆ	g.
17	XVII	xbij.			

TABLE D'ADDITION.

2 plus 2 égalent 4	3 plus 5 égalent 8	4 plus 8 égalent 12
2 + 3 = 5	3 + 6 = 9	4 + 9 = 13
2 + 4 = 6	3 + 7 = 10	4 + 10 = 14
2 + 5 = 7	3 + 8 = 11	4 + 11 = 15
2 + 6 = 8	3 + 9 = 12	4 + 12 = 16
2 + 7 = 9	3 + 10 = 13	
2 + 8 = 10	3 + 11 = 14	5 + 2 = 7
2 + 9 = 11	3 + 12 = 15	5 + 3 = 8
2 + 10 = 12		5 + 4 = 9
2 + 11 = 13	4 + 2 = 6	5 + 5 = 10
2 + 12 = 14	4 + 3 = 7	5 + 6 = 11
	4 + 4 = 8	5 + 7 = 12
3 + 2 = 5	4 + 5 = 9	5 + 8 = 13
3 + 3 = 6	4 + 6 = 10	5 + 9 = 14
3 + 4 = 7	4 + 7 = 11	5 + 10 = 15

5 plus 11 égalent 16	8 plus 4 égalent 12	10 plus 8 égalent 18
5 + 12 = 17	8 + 5 = 13	10 + 9 = 19
6 + 2 = 8	8 + 6 = 14	10 + 10 = 20
6 + 3 = 9	8 + 7 = 15	10 + 11 = 21
6 + 4 = 10	8 + 8 = 16	10 + 12 = 22
6 + 5 = 11	8 + 9 = 17	11 + 2 = 13
6 + 6 = 12	8 + 10 = 18	11 + 3 = 14
6 + 7 = 13	8 + 11 = 19	11 + 4 = 15
6 + 8 = 14	8 + 12 = 20	11 + 5 = 16
6 + 9 = 15	9 + 2 = 11	11 + 6 = 17
6 + 10 = 16	9 + 3 = 12	11 + 7 = 18
6 + 11 = 17	9 + 4 = 13	11 + 8 = 19
6 + 12 = 18	9 + 5 = 14	11 + 9 = 20
7 + 2 = 9	9 + 6 = 15	11 + 10 = 21
7 + 3 = 10	9 + 7 = 16	11 + 11 = 22
7 + 4 = 11	9 + 8 = 17	11 + 12 = 23
7 + 5 = 12	9 + 9 = 18	12 + 2 = 14
7 + 6 = 13	9 + 10 = 19	12 + 3 = 15
7 + 7 = 14	9 + 11 = 20	12 + 4 = 16
7 + 8 = 15	9 + 12 = 21	12 + 5 = 17
7 + 9 = 16	10 + 2 = 12	12 + 6 = 18
7 + 10 = 17	10 + 3 = 13	12 + 7 = 19
7 + 11 = 18	10 + 4 = 14	12 + 8 = 20
7 + 12 = 19	10 + 5 = 15	12 + 9 = 21
8 + 2 = 10	10 + 6 = 16	12 + 10 = 22
8 + 3 = 11	10 + 7 = 17	12 + 11 = 23
		12 + 12 = 24

TABLE DE MULTIPLICATION.

1	2	3	4	5	6	7	8	9	10	11	12
2	4	6	8	10	12	14	16	18	20	22	24
3	6	9	12	15	18	21	24	27	30	33	36
4	8	12	16	21	24	28	32	36	40	44	48
5	10	15	20	25	30	35	40	45	50	55	60
6	12	18	24	30	36	42	48	54	60	66	72
7	14	21	28	35	42	49	56	63	70	77	84
8	16	24	32	40	48	56	64	72	80	88	96
9	18	27	36	45	54	63	72	81	90	99	108
10	20	30	40	50	60	70	80	90	100	110	120
11	22	33	44	55	66	77	88	99	110	121	132
12	24	36	48	60	72	84	96	108	120	132	144
13	26	39	52	65	78	91	104	117	130	143	156
14	28	42	56	70	84	98	112	126	140	154	168
15	30	45	60	75	90	105	120	135	150	165	180

POIDS ET MESURES

Pour avoir une idée exacte des objets, il faut connaître leurs dimensions, savoir apprécier leur longueur, leur largeur, leur épaisseur; en un mot, il faut les mesurer.

Mesurer, c'est chercher combien de fois une chose contient une autre chose de même espèce, prise pour terme de comparaison, et qu'on appelle la *mesure* ou l'*unité de mesure*.

Les mesures changent suivant la nature des choses à mesurer.

1. Pour mesurer la longueur des choses et des chemins, on se sert du *mètre*.

Le *mètre*, est la dix-millionnième partie de la distance du pôle à l'équateur de la terre. Il a à peu près la longueur de dix largeurs de main d'homme.

Les mesures plus petites que le mètre sont:

Le *décimètre*, qui est la dixième partie du mètre, (à peu près la largeur d'une main d'homme).

Le *centimètre*, qui est la centième partie du mètre, (la moitié de la largeur d'un doigt).

Le *millimètre*, qui est la millième partie du mètre.

On ajoute le mètre à lui-même, ce sont donc des mesures plus grandes que le mètre ou les composés du mètre :

Le *décamètre*, ou dix mètres.
L'*hectomètre*, ou cent mètres.
Le *kilomètre*, ou mille mètres.
Le *myriamètre*, ou dix mille mètres.

Pour mesurer les routes, on se sert du *kilomètre*. Des bornes, placées sur les chemins, indiquent par des numéros les kilomètres parcourus à compter d'un lieu déterminé. Une lieue vaut environ quatre kilomètres.

2. La mesure des surfaces en général est le *mètre carré*, c'est-à-dire le carré qui a 1 mètre de côté.

3. L'unité qui sert à mesurer les terrains, les

champs, les prés, c'est l'*are*, qui est un carré dont chaque côté a 10 mètres de longueur.

L'*hectare* vaut cent ares, c'est-à-dire le carré de l'hectomètre.

Le *centiare* est le centième d'are ou le mètre carré.

4. L'unité de mesure pour le bois de chauffage est le *stère*.

Le *stère* est un mètre cube, c'est-à-dire un volume qui a un mètre de hauteur, un mètre de longueur et un mètre de largeur.

Le *décastère* vaut dix stères.

Le *décistère* est le dixième du stère.

5. L'unité de mesure pour les liquides et les graines est le *litre*.

Le *litre*, qui équivaut à un décimètre cube.

Les composés et les divisions du litre sont :

Le *kilolitre* vaut mille litres.

L'*hectolitre* vaut cent litres.

Le *décalitre* vaut dix litres.

Le *décilitre* vaut un dixième de litre.

Le *centilitre* vaut un centième de litre.

6. L'unité de poids est le *gramme*.

Le *gramme* a le poids d'un centimètre cube d'eau pure.

Les composés et les divisions du gramme sont :

Le *kilogramme* vaut mille grammes.

L'*hectogramme* vaut cent grammes.

Le *décagramme* vaut dix grammes.

Le *décigramme* vaut un dixième de gramme.
Le *centigramme* vaut un centième de gramme.
Le *milligramme* vaut un millième de gramme.

Les poids du commerce sont en fer ou en cuivre. Un kilogramme vaut deux livres anciennes.

MONNAIE

On appelle *monnaie* toutes pièces de métal représentant la valeur des choses, et servant à faciliter les échanges.

L'unité de mesure pour les monnaies est le *franc*.

Le *franc* est une pièce du poids de cinq grammes, formée de l'*alliage* de neuf parties d'argent sur une de cuivre.

Le franc se divise en 10 *décimes* et en 100 *centimes*, mais il n'y a pas de composés du franc.

Il y a de la monnaie de cuivre, d'argent et d'or.

1° Les *pièces de cuivre* sont :

Le *centime*,
La pièce de 5 *centimes*,
La pièce de 10 *centimes*.

2° Toute monnaie d'argent est un alliage qui doit contenir un dixième de cuivre.

Les *pièces d'argent* sont :

Les pièces de 5 *francs*,
 — de 2 *francs*,
 — de 1 *franc*,
 — de 1/2 *franc* ou 50 centimes.
 — de 1/5 du *franc* ou 20 centimes.

1 pièce de 20 *centimes* pèse un gramme.
1 *franc* pèse 5 grammes,
5 *francs* pèsent 25 grammes,
20 *francs* pèsent 100 grammes,
100 *francs* pèsent 500 grammes,
200 *francs* pèsent 1000 grammes, ou un kilogramme ou un litre d'eau.

3° La monnaie d'or doit aussi contenir un dixième d'alliage.

Les *pièces d'or* sont :
La pièce de 5 *francs*,
La pièce de 10 *francs*,
La pièce de 20 *francs*,
La pièce de 40 *francs*,
La pièce de 50 *francs*,
La pièce de 100 *francs*.

Chaque pièce de monnaie porte sur une de ses faces, la figure ou l'effigie du souverain sous lequel elle a été, comme on dit, *frappée*. Sur l'autre face, elle porte le chiffre de sa valeur. D'après un usage ancien, quand l'effigie d'un souverain, qui est représenté de profil, est tournée vers la droite, par exemple, elle sera retournée vers la gauche sous le règne suivant. Ainsi :

Henri IV est tourné vers la gauche,
Louis XIII vers la droite,
Louis XIV vers la gauche,
Louis XV vers la droite,
Louis XVI vers la gauche,
Louis XVII supposé vers la droite,
*Napoléon I*er vers la droite,

Louis XVIII vers la gauche,
Charles X vers la gauche,
Louis-Philippe vers la droite,
Napoléon III vers la gauche.

Sur les pièces d'or, l'effigie est tournée en sens contraire pour chaque souverain. Ainsi, l'effigie de Napoléon III est tournée vers la droite sur la monnaie d'or.

LIGNES. — SURFACES. — SOLIDES.

Tous les *corps*, ou comme on dit aussi tous les *solides* ont trois dimensions : une *longueur*, une *largeur* et une *épaisseur* ou profondeur.

Les solides sont limités par des *surfaces*, et les surfaces par des *lignes*.

Lignes. — Il y a deux sortes de lignes :

La *ligne droite* et la ligne *courbe*.

Une ligne est *droite* quand tous les points qui la composent sont dans la même direction ; c'est le plus court chemin d'un point à un autre.

Une ligne est *courbe* quand les points qui la composent ne sont pas dans la même direction.

Les lignes droites prennent différents noms suivant leur position.

Deux lignes droites sont *parallèles* lorsqu'elles sont à égale distance l'une de l'autre, par conséquent elles ne pourraient jamais se rencontrer.

Une ligne horizontale est une ligne qui se dirige de gauche à droite sans baisser plus d'un côté que l'autre.

Une ligne verticale est celle qui se dirige dans le sens d'un fil tendu par un poids.

On dit qu'une ligne est *perpendiculaire* à une autre. quand, tombant sur celle-ci, elle ne penche ni à droite, ni à gauche.

Une droite est *oblique* lorsqu'elle n'est ni horizontale ni verticale.

Un *angle* est l'espace compris entre deux lignes qui se rencontrent.

D'après son écartement un angle est :

Droit, quand ses côtés sont perpendiculaires entre eux.

Aigu, s'il est plus petit qu'un angle droit.

Obtus, s'il est plus grand qu'un angle droit.

La *circonférence* est une ligne courbe dont tous les points sont à égale distance d'un autre point intérieur, nommé *centre*.

Le *diamètre* est une ligne droite qui, passant par le centre, va aboutir à deux points de la circonférence.

Le *rayon* est une droite qui part du centre pour aller à la circonférence : c'est un demi-diamètre.

La *corde* est une droite qui, sans passer par le centre, touche deux points de la circonférence.

SURFACES. Les *polygones* sont des surfaces dont le tour est composé de lignes ou *côtés* qui forment un même nombre d'angles qu'eux.

Les principaux polygones sont :

Le *triangle*, qui a trois côtés, c'est le plus simple des polygones.

Le *carré*, qui a quatre côtés égaux, forment quatre angles droits.

Le *rectangle*, qui a des côtés parallèles et égaux deux à deux et ses quatre angles droits.

Le *losange* qui a quatre lignes droites égales, formant deux angles obtus et deux angles aigus.

Le *trapèze* a deux côtés parallèles et inégaux : les deux autres côtés sont égaux et non parallèles.

Les *quadrilatères* sont tous des polygones a quatre côtés.

Le *pentagone*, a cinq côtés.

L'*hexagone*, en a six.

L'*heptagone*, en a sept.

L'*octogone*, en a huit.

L'*ennéagone*, en a neuf.

Le *décagone*, en a dix.

Le *dodécagone*, en a douze.

La *diagonale* est une ligne qui, dans un polygone, va d'un angle à un autre angle.

Le *cercle* est une surface limitée par une circonférence.

SOLIDES. — Il y a deux natures de solides :

Les *polyèdres* et les *corps ronds*.

Les *polyèdres* sont des solides dont les différentes faces sont des polygones. Les principaux sont :

Le *prisme*.

Le *cube*.

La *pyramide*.

Les *corps ronds* sont ceux dont la surface n'est pas composée de polygones :

Le *cylindre*

Le *cône*.

La *sphère*.

(Il faudra mettre sous les yeux des enfants, de petits solides en bois ; les définitions seraient quant à présent inutiles).

TABLE DES MATIÈRES

VERSAILLES. — IMPRIMERIE CERF, 59, RUE DU PLESSIS.

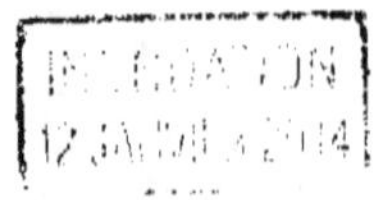

www.ingramcontent.com/pod-product-compliance
Lightning Source LLC
LaVergne TN
LVHW012320170726
843503LV00002B/711